OSHO
MEDITAÇÃO
para ocupados

OSHO
MEDITAÇÃO
para ocupados

Estratégias de combate
ao estresse para pessoas
sem tempo de meditar

Tradução
Marcos Malvezzi Leal

5ª edição

Rio de Janeiro | 2021

CIP-BRASIL. CATALOGAÇÃO NA FONTE
SINDICATO NACIONAL DOS EDITORES DE LIVROS, RJ

O91m   Osho, 1931-1990
5. ed.   Meditação para ocupados : Estratégias de combate ao estresse para pessoas sem tempo de meditar / Osho; tradução Marcos Malvezzi Leal. – 5. ed. – Rio de Janeiro: Best*Seller*, 2021.

Tradução de: Meditation for Busy People
Apêndice
ISBN 978-85-7684-957-5

1. Espiritualidade. 2. Meditação. I. Título.

16-32035   CDD: 158.128
                                                        CDU: 159.95

Texto revisado segundo o novo Acordo Ortográfico da Língua Portuguesa.

Título original
MEDITATION FOR BUSY PEOPLE
Copyright © 2004, 2014 OSHO International Foundation
Copyright da tradução © 2016 by Editora Best Seller Ltda.

Publicado mediante acordo com OSHO International Foundation, Switzerland.
www.osho.com/copyrights

O material contido neste livro foi selecionado a partir de vários discursos de Osho para plateias ao vivo. Todos os discursos de Osho foram publicados na íntegra como livros, e estão também disponíveis como gravações de áudio. Os arquivos completos de gravações e textos se encontram em www.osho.com

OSHO é uma marca registrada da Osho International Foundation, www.osho.com/trademarks.

Capa: Gabinete de Artes
Editoração eletrônica: Abreu's System

Todos os direitos reservados. Proibida a reprodução,
no todo ou em parte, sem autorização prévia por escrito da editora,
sejam quais forem os meios empregados.

Direitos exclusivos de publicação em língua portuguesa para o Brasil
adquiridos pela
Editora Best Seller Ltda.
Rua Argentina, 171, parte, São Cristóvão
Rio de Janeiro, RJ – 20921-380
que se reserva a propriedade literária desta tradução.

Impresso no Brasil

ISBN 978-85-7684-957-5

Seja um leitor preferencial Record.
Cadastre-se e receba informações sobre nossos lançamentos e nossas promoções.

Atendimento e venda direta ao leitor
sac@record.com.br

Sumário

Introdução   11

Parte 1
    Entendendo as raízes do estresse   25
    Iluminando o interior   25
    A patologia da ambição   26

Parte 2
    Conectando mente e corpo   37
    Percepção e relaxamento: dois lados da mesma moeda   37
    Não se esforce ainda mais   41
    Não escolha   44
    Aceite os altos e baixos   46
    Não lute contra a sua natureza   47
    Procure a compensação   50
    Procure o mutável, aprecie o imutável   53

Parte 3
    Relacionando-se a partir do centro   61
    O convívio com os outros: as regras e o momento de quebrá-las   61

Comece do centro	69
Pare de fazer	71
Uma técnica de centralização: o coração em paz	73
A história dele / a história dela	83
Fazer amor como forma de meditação	88

Parte 4

Meditações para a vida diária	99
Natural e fácil	99
A respiração é o segredo	102
Atenção relaxada	104
Tomando espaço	108
Comer com consciência	109
O sorriso interior	110
Levante-se com o sol	111
Diga sim	111
Abandone a inquietude	113
Mantenha contato com o coração	114
O exercício de "Pare!"	115
Saia da caixa	116
Apenas escute	117
Pilar de energia	117
Caia no silêncio	118
Aprecie o espetáculo	119
Complete o círculo — uma meditação do espelho	123
Passe da cabeça para o coração	125
Espaço aéreo para os guerreiros na estrada	130

Parte 5

Desfazendo os nós – meditações ativas para encontrar a quietude interior	135
Por que a catarse é útil	136

Técnicas	138
Meditações ativas de OSHO	145
Meditação dinâmica de OSHO	148
Meditação Kundalini de OSHO	151
Meditação Nadabrahma de OSHO	153
Meditação Nadabrahma de OSHO para casais	154
Meditação Nataraj de OSHO	155
Posfácio	157
Apêndice	161
Sobre Osho	165
OSHO International Meditation Resort	169
Para mais informações	173

OSHO

Introdução

Por John Andrews, médico, cirurgião e membro do Royal College of Physicians do Reino Unido (MRCP) MD MBBS MRCP

Este é um pequeno e extraordinário livro. Traz técnicas maravilhosamente simples que o ajudarão a relaxar e a flutuar naquilo que se chama "meditação". Além disso, ele sana todas aquelas dúvidas incômodas que temos acerca de como funciona a meditação, o que fazer para compreendê-la e como ela pode ser útil em nossa vida tão corrida.

Foi solicitado que eu contextualizasse este livro prático de Osho sobre meditação nos mais recentes avanços em medicina e neurociência, e que fizesse o mesmo com a aplicação de todas essas descobertas em cada aspecto da vida cotidiana, abordados com uma frequência cada vez maior pela mídia. Chegamos a um ponto em que a pergunta não é mais "Por que meditar?" e sim "Por que não?".

Se você já sabe o valor de acrescentar momentos de consciência ao seu cotidiano, este é o seu livro.

Se ainda não tem certeza se todo esse papo de meditação não passa de um modismo, apenas uma tendência, como mais um programa de dieta — porém, para o cérebro —, agora tem a seu dispor muitas informações para ajudá-lo a se decidir. Dez anos atrás cerca de cinquenta textos acadêmicos a respeito de meditação eram publicados por ano. Hoje, são aproximadamente quinhentos.

O assunto meditação é um pouco mais complexo que a maioria dos temas aos quais aplicamos nossa inteligência científica.

Se algo de tamanho aproximado ao nosso se move, temos a capacidade de dizer, com certa precisão, sua velocidade e em quanto tempo deve chegar a determinado ponto no futuro. Se algum som se manifesta no alcance de nosso espectro auditivo, podemos ouvi-lo. Se há uma luz em nosso espectro visual, nós a vemos. Sabemos, também, que existem muitas sensações fora de nosso alcance. Há coisas que simplesmente não notamos.

Quem poderia ter imaginado que o Sol não gira em torno da Terra? Ou que não nos encontramos em um ponto no centro do universo, mas sim nos deslocamos pelo espaço a uma velocidade incrível? Ou que a Terra em que pisamos não é plana? Foi necessária a combinação de um observador imparcial com dados objetivos para percebermos como estávamos enganados.

O mesmo acontece quando sentimos muito calor e o suor escorre, ou quando trememos de frio e, nesses momentos, achamos que temos febre. Nem sempre é fácil saber. É aí que entra a ciência: o termômetro tira a dúvida. Claro que, se ele mostra uma temperatura de 200 graus centígrados, você não pula pela janela nem chama os bombeiros; em vez disso, compra um termômetro novo ou procura seus óculos para leitura. Mais uma vez, são necessários dados objetivos e um observador imparcial.

Você pode estar se perguntando como tudo isso tem a ver com meditação.

Bem, suponha que seu objeto de observação seja você! Antes, pensemos, para que observar a si próprio? Quando sua mãe lhe dava uma bronca e dizia "Olhe só para você", ela se referia à lama em seus sapatos depois de brincar no jardim. Não estava falando de seu estado mental.

Talvez você descubra, como confirmam as pesquisas mais recentes, que durante quase metade de suas horas acordado você não está de fato presente, mas sim vagando por algum mundo ilusório dos sonhos em vez de estar ligado em sua vida real. Talvez descubra por conta própria, também como mostram as pesquisas, que se sente muito melhor quando está presente, aqui, por mais lindos que sejam os sonhos.

Imagine se, em uma visita ao médico, ele lhe dissesse que você tem uma doença que encurtará seu tempo de vida pela metade. Tal notícia receberia sua atenção, claro. Perceber, então, que se é menos feliz no modo de fuga torna o fato muito interessante, principalmente se você não quiser ser infeliz.

Ou, talvez, seja óbvio para você que qualquer coisa planejada terá mais chances de dar certo se você estiver, pelo menos, realmente presente. Se gosta de relaxar, perceberá que o momento presente é muito mais relaxante do que se envolver em dramas do passado ou do futuro.

Tudo bem, certo. Se você não quer mais tropeçar nos móveis, seria bom estar ao menos um pouco consciente de onde seus pés pisam.

Ter consciência dos pés é bastante difícil. Lembrar-se de observar pensamentos e sentimentos, então? Aí você já está começando a mergulhar no desafio da meditação.

Essa ciência de auto-observação é bastante delicada. Quando o objeto de nossa investigação científica é o próprio observador, como podemos saber quem está observando quem? Quem é o observador? Quem sou eu? Se é importante conhecermos a condição do termômetro para confiarmos nele, é igualmente importante conhecermos o estado do observador.

Não estragarei o final. Leia o livro. É uma jornada fascinante. Basta dizer, por ora, que se esse fantástico sistema nervoso não for capaz de perceber que viajamos pelo espaço à velocidade de zilhões de quilômetros por hora e achar que estamos em um ponto fixo, tenha em mente que qualquer atitude prepotente, arrogante, no estilo "Eu sei das coisas", inevitavelmente, o fará tropeçar.

A chave da questão aqui é a mente humana, que propõe um dilema enfrentado, na verdade, por todos. Como nos convencemos de que *somos* a mente e que esse é nosso mais sábio atributo, deduzimos, a partir daí, que só com o uso da mente humana é que compreenderemos a mente humana. A maioria dos cientistas adota essa abordagem e não parece notar que tal atitude não é nada científica.

O que leva os cientistas a fazer e refazer testes de controle a fim de determinar a eficácia de um remédio novo é o fato de sermos pessoas parciais.

Quanto à mente, esses mesmos cientistas simplesmente "sabem" a resposta — assim como seus predecessores geocêntricos simplesmente "sabiam" que o Sol girava em torno da Terra. Estão convencidos de que a mente é capaz de estudar a mente. Se, no entanto, mesmo o melhor dos cientistas tem que refazer numerosos testes para evitar a parcialidade quanto à eficácia de um remédio, o que dizer, então, de nossa parcialidade ao usarmos nossa mente condicionada para investigar essa mesma mente condicionada?

Finalmente, essa "crença" dos cientistas "mentecêntricos" começa a desmoronar perante a melhor amiga dos próprios cientistas: a dúvida. A dúvida de que a mente seja capaz de ver a mente com objetividade. A dúvida impelida pela própria ciência.

Por mais de dois milênios, muitas pessoas no Oriente já se interessam em saber como funcionamos, tanto quanto qualquer cientista em seu avental branco. Como não tinham equipamentos com os quais brincar, essas pessoas só confiavam nas próprias observações da mente e do corpo. Foi a partir daí que se desenvolveu o que poderíamos chamar de "ciência do interior". Assim como a ciência do exterior se baseia em observação e experimentação, a do interior também se baseia em observar e experimentar.

Esta é a contribuição de Osho para a humanidade: uma síntese do Oriente e do Ocidente, uma compreensão compartilhada dessas duas abordagens em uma ciência completa. A abordagem de Osho é um sistema aberto cuja única base é a observação. O que se observa não é o ponto-chave. O que é, é — e o segredo todo é esse: observar o que é. Qualquer coisa que o observador note pode ser acrescida a qualquer momento. Nada é desconsiderado.

O detalhe magnífico dessa ciência é que cada pessoa é cientista em seu laboratório pessoal: a própria pessoa. Crenças não são necessárias. Tampouco atos de fé. Basta a abordagem científica básica de testar em si próprio uma hipótese. Se falhar, não há problema: o cesto de papel provavelmente já está até a metade. Se der certo, você terá descoberto um tesouro. Não há fracassos.

Finalmente, é isso o que está acontecendo. Além das recentes descobertas já mencionadas acerca dos benefícios de se estar presente, há outros estudos interessantes que o ajudarão a reconhecer o valor da meditação.

Sabe-se, por exemplo, que cerca de dois terços das visitas ao médico se devem a problemas relacionados com o estresse. Assim, os cientistas pegaram os pobres ratos, estressaram os animais e notaram que parte do cérebro deles aumentou. Descobriram que nos humanos estressados a mesma parte do cérebro também crescia, mas diminuía naqueles que meditam.

Observaram, ainda, que as mudanças naturais do envelhecimento eram menos pronunciadas nessas pessoas. Sem dúvida, meditar é mais barato que comprar cremes antirrugas!

Outro experimento fascinante, do Instituto de Tecnologia de Massachusetts, o MIT, transcorreu da seguinte maneira: voluntários foram convidados para um programa de meditação de uma hora por dia, durante oito semanas. Os candidatos foram divididos aleatoriamente em dois grupos. Um grupo frequentou o curso, o outro, foi colocado em uma "lista de espera". Depois do curso, todos foram convidados de volta, um por vez, para o que lhes pareceria uma entrevista sobre assuntos não relacionados com a experiência.

Quando entraram na sala de espera, duas das cadeiras disponíveis estavam ocupadas (pelos investigadores, sem que os voluntários os conhecessem). Em seguida, um terceiro investigador entrou na sala, claramente sofrendo com alguma dor, precisando de ajuda. Os dois investigadores sentados não lhe deram atenção. (Normalmente, seguimos a multidão e, quando ninguém se mexe, também não nos mexemos.) Os resultados foram notáveis. Enquanto apenas 21% das pessoas que não haviam meditado se levantaram para ajudar, 50% daquelas que haviam meditado ofereceram ajuda. Parece que aquela afirmativa de que a meditação é "egoísta" — olha-se para o próprio umbigo em vez de "amar o próximo" — simplesmente não é verdadeira.

Já que falamos do "ego", a ciência moderna também confirma outra sabedoria antiga: o ego nada mais é que uma historinha que contamos a nós mesmos para termos assunto em uma festa. Na realidade, nós somos um processo, um rio, não uma lagoa estagnada.

O que torna o tema muito interessante e se encaixa perfeitamente na confirmação recente de que o cérebro é um órgão bastante maleável, cheio de células procurando emprego, sem uma função fixa permanente.

Isso reforça, mais uma vez, a noção de que não somos uma lagoa estagnada; aliás, nem mesmo "um rio", mas sim um processo de "formação de rios", dependendo do que acontece no momento. As implicações são estonteantes. Isso significa que estamos nos criando, momento após momento, enquanto caminhamos pela vida. Está em nossas mãos. É uma responsabilidade que assusta, principalmente diante de todos aqueles aspectos de nós mesmos para os quais gostamos de atribuir a culpa aos nossos pais, ou a Deus, ou a qualquer pessoa. Quanto à velha pergunta "Quem sou eu?", note que bem pouco se define. Cabe a cada um de nós.

Outros experimentos nos mostram que, se você ficar de cara amarrada por três dias, poderá ficar profundamente deprimido. Em essência, nós somos um fenômeno de autocriação.

Temos ciência de que nascemos em determinada cultura, nesta ou naquela religião, cantando um hino nacional, desenvolvendo a atitude de superioridade masculina etc. Essas "crenças" nos são inculcadas durante a infância e ficam arraigadas em nosso subconsciente, onde nem sequer as notamos. Sem perceber, somos condicionados a aceitar esses valores como se nos definissem.

O cérebro é como um incrível biocomputador programado por muitos fatores desse tipo, resultando na "mente". A neurociência moderna sabe com clareza que "neurônios que disparam juntos, se conectam juntos". Toda vez que você se afina com as premissas de que "preto é ruim, branco é bom", ou "o homem é superior à mulher", mesmo de maneira inconsciente, esse hábito aprendido se fortalece e você se torna mais convicto de que está certo.

Agora, aqui vai a melhor das notícias. Existe uma condição chamada transtorno obsessivo compulsivo (TOC), como se observa em uma pessoa que lava as mãos cinquenta vezes por dia para se livrar de germes. Mesmo sabendo que isso é absurdo, ela não para de se lavar. O conjunto de células cerebrais que indaga se as mãos têm germes e o conjunto de células que faz a pessoa correr até o banheiro se conectam com força cada vez maior. Na verdade, isso não passa de uma versão extrema do que fazemos na maior parte do dia. Coloque o hino nacional para tocar e, imediatamente, algumas pessoas se levantarão, em atenção. Outras, ao ouvirem sinos no domingo, sentem-se impelidas a sair de casa e ir à igreja. Pode ser a necessidade de ir à sinagoga todos os sábados, ou apostar na loteria, ou fumar mais um cigarro, ou pegar alguma guloseima da geladeira, ou apenas se deitar na cama e preocupar-se com aqueles pensamentos recorrentes em vez de dormir... Dia e noite, essas coisas raramente cessam.

O fascinante é que, agora, as descobertas demonstram que a meditação é um modo de "tratar" essa "doença". Funciona desta maneira: um conjunto de neurônios diz: "Hora da nicotina." Outro conjunto faz você escavar os bolsos atrás de um cigarro e um isqueiro. De repente, você está fumando, sem se dar conta. Agora, resolve parar de fumar: tão logo os impulsos excitatórios do primeiro conjunto de células nervosas começam a disparar, você imediatamente instrui as células inibidoras desse mesmo conjunto a reagir contra a excitação, de modo que não precisará fumar, ou comer chocolate, ou chamar sua mãe.

Neurônios que disparam juntos se conectam juntos, sejam impulsos excitadores ou inibidores. De qualquer forma, estão sempre atrelados uns aos outros. É por essa razão que "lutar" contra esses "hábitos" raramente funciona.

Há cerca de 25 séculos um cavalheiro chamado Gautama, o Buda, explicou que o que nos faltava era a "consciência sem escolha". Se o apoio ou o combate ao hábito conectam e aproximam ainda mais as redes neurais, nosso único recurso é não fazer nada. Nada contra e nada a favor: a essência da meditação. Ouçamos apenas; e, por isso mesmo, a meditação funciona com o TOC. Ou com qualquer outra compulsão inconsciente, inclusive nosso hábito de viver como se estivéssemos em uma lagoa parada, estagnada.

Esse processo é plenamente científico. Se um desses hábitos inconscientes for, de fato, observado com consciência, se dissolverá por si só, totalmente, 100%. Caso se dissolva apenas 50%, significa que o observamos apenas 50%.

Não é à toa que hoje em dia a imprensa norte-americana tem falado tanto sobre a meditação, chamada de *mindfulness*, ou atenção plena, uma abreviação de "atenção plena certa", a outra maneira como o Buda descrevia a consciência sem escolha. A cada ano, aqueles quinhentos textos acadêmicos mencionados ao início deste texto vêm lançando mais luz sobre a meditação como um processo universalmente benéfico.

Como são óbvias e crescentes as vantagens para uma empresa de ter funcionários saudáveis, felizes, criativos e presentes, muitas das grandes corporações americanas exploram hoje a meditação, em especial no Vale do Silício. Ela já é usada nas escolas, oferecida para tratar veteranos de guerra traumatizados, médicos estressados... a lista é imensa. O endosso de celebridades, sempre importante no mundo atual, regido pela fama, vai desde Nelson Mandela a Steve Jobs e Madonna, Sting e Tiger Woods, e quase todo mundo entre eles.

Sem dúvida, vale a pena experimentar a meditação. Você saberá com certeza, enfim, se todo esse interesse se justifica e se também serve para o seu caso.

O ponto-chave é entender que a meditação envolve observação, ver o que acontece interna e externamente, em quaisquer situações — em casa, no trabalho, de manhã ou à noite... Sempre há algo a se notar.

Além disso, enquanto a mente costuma se ausentar em sonhos acordados, o corpo está sempre presente, aqui e agora. Portanto, se você quiser entrar no jogo de como se ligar na vida, o corpo é o instrumento perfeito para isso.

Finalmente, quando todas aquelas meditações em posição sentada foram inventadas, as pessoas eram muito diferentes. Lembre-se: o cérebro é maleável; imagine, então, como seu cérebro seria diferente se você trabalhasse 12 horas por dia nos campos, fosse dormir à hora do pôr do sol porque não havia luz artificial e conhecesse apenas mais uma pessoa por ano, que por acaso passasse por sua aldeia.

A mente hiperativa da atualidade não nos deixa quietos. Portanto, a meditação ativa é a resposta: observar enquanto se está ativo é muito mais fácil. Daí a importância das Meditações Ativas de Osho e de outras meditações para os ocupados, citadas neste livro. Paradoxalmente, se você se sentar e permanecer quieto, só verá a mente em sua louca agitação. Por outro lado, se viver seu dia normalmente e observar, perceberá que há um centro silencioso em você. Talvez também descubra que parte dessa mente hiperativa precisa ser aplacada antes que você consiga relaxar e se aquietar.

Seja qual for a situação, este é um livro belíssimo, com uma variedade de modos diferentes para a autodescoberta. Ou, pelo menos, para a descoberta de quem você não é.

Abra-se, sinceramente, para a meditação, mas não com seriedade. Seja brincalhão. Encontre métodos que lhe agradem e sejam divertidos; assim, sua jornada irá levá-lo aonde você precisa ir.

John Andrews é autor, cientista e meditador. Foi o médico pessoal de Osho, tratando do corpo dele por muitos anos, até seus últimos dias. Por ser meditador e cientista há tantas décadas, John Andrews assistiu à gradual aceitação da meditação por parte da comunidade científica até o atual nível de interesse. Ele, agora, escreve sobre o passo final dessa jornada, da meditação até as meditações de Osho.

PARTE 1

Entendendo as raízes do estresse

Tensão nada tem a ver com aquilo que é externo a você. Tem a ver, sim, com o que acontece em seu interior. Você sempre encontrará uma desculpa externa para racionalizar sua tensão, simplesmente porque parece idiota estar tenso sem motivo. Mas a tensão não é externa; ela vem de seu estilo de vida incorreto.

Iluminando o interior

Sabedoria não é acúmulo de fatos, cifras e informações. É uma transformação.

Vivemos fora de nós mesmos; por isso, nosso mundo interior permanece escuro. Se nos voltarmos para dentro, se começarmos a nos focar no interior, cria-se a luz. Dispomos de tudo que é necessário para criar luz; basta fazermos um rearranjo.

É como se alguém bagunçasse seu quarto. Os móveis estão de cabeça para baixo, o candelabro caiu no chão. Tudo está ali, mas não onde deveria estar. É difícil viver em um ambiente assim. Você terá que colocar as coisas de volta ao seu lugar.

Assim é o ser humano: temos tudo que é necessário, a existência nos proporcionou tudo. Chegamos perfeitamente prontos para viver nossa vida no nível ótimo, mas a vivemos no mínimo simplesmente porque nunca arrumamos as coisas. Por exemplo, nossa atenção se volta para o exterior; assim, vemos tudo, exceto nós mesmos — o que é o mais importante a ser visto. É muito bom ver os outros, mas, antes, você precisa ver a si mesmo. Dessa posição privilegiada, desse estado centrado, você, então, poderá olhar os outros e, com isso, verá melhor as coisas.

Portanto, a atenção deve se voltar para o interior. Autodescoberta é isso: uma volta de 180 graus de nosso foco, nossa percepção. E onde quer que foquemos nossa percepção, esse espaço se ilumina. Não sou contra o mundo exterior, mas o mundo interior deve ser o primeiro a ser cuidado; o mundo exterior vem em segundo lugar. A pessoa que consegue cuidar de seu interior tem mais facilidade de cuidar do exterior.

Sabedoria significa conhecer a si mesmo; e conhecer a si mesmo é o princípio de todo o saber. Assim, o círculo de sua luz pode se espalhar; pode se tornar cada vez mais abrangente. Chega o momento em que sua sabedoria abrange, inclui, tudo. Ter a sensação de que nada falta, de que não há mais lacunas a serem preenchidas, sinaliza que a pessoa encontrou seu lar. Há, então, um grande relaxamento, uma realização, profundo contentamento; há um silêncio que, na verdade, está repleto de música.

A patologia da ambição

Todas as culturas e religiões o condicionam a ter sentimentos negativos sobre si. Ninguém é amado ou valorizado por ser o que é. Querem que você prove que tem valor: ganhe medalhas de ouro nos esportes; alcance o sucesso; tenha dinheiro, poder, prestígio, que seja respeitado. Prove-se! Seu valor não é intrínseco; isso é o que lhe ensinam. Seu valor deve ser provado.

Daí, surge na pessoa um profundo antagonismo, um sentimento de: "Não tenho o menor valor, a menos que possa provar o contrário." Pouquíssimas pessoas se dão bem neste mundo competitivo. Milhões e milhões de indivíduos competem. Quantos são bem-sucedidos? Quantas pessoas podem se tornar presidentes e primeiros-ministros? Em um país de milhões, só uma pessoa se tornará presidente, mas, no fundo, todos anseiam por esse cargo. Milhões não conseguem ver seu próprio valor. Quantos indivíduos se tornam grandes pintores? Entretanto, todos têm algo para criar. Quantos serão grandes poetas como Shakespeare, Milton, Shelley ou Rabindranath Tagore? No entanto, toda pessoa tem algo poético em seu ser mais profundo. Todos têm alguma poesia para oferecer ao mundo. Mas a ambição é, em si, antipoética.

A ideia do sucesso é torturante. A ideia do sucesso, de que você precisa ser bem-sucedido, é a maior calamidade que já se abateu sobre o mundo. E o sucesso significa que você deve competir, deve lutar — por meios limpos ou não, isso não importa. Se obtiver sucesso, tudo bem. O ponto-chave é o sucesso; mesmo que o consiga por meios ilícitos, uma vez alcançado o sucesso, tudo o que se tiver feito no caminho é aceitável.

O sucesso muda a qualidade de todos os seus atos. O sucesso transforma o mal em bem. A única pergunta válida é: como obter o sucesso, como chegar ao topo? Naturalmente, pouquíssimas pessoas chegam ao topo. Se todos tentarem chegar ao cume do Everest, quantos poderão permanecer lá? Não há espaço suficiente no pico; só uma pessoa pode se suster com facilidade. Os outros milhões de indivíduos que tentarem se sentem fracassados e suas almas são dominadas por um grande desespero. Começarão a se sentir negativos. Essa é uma forma errada de educação. Essa educação que você recebeu é extremamente venenosa. Suas escolas e faculdades, suas universidades o estão envenenando. Criam amargura; são locais onde se fabricam infernos, mas de uma maneira tão bela que você nunca se dá conta do que realmente acontece. O mundo inteiro se tornou um inferno, por causa da educação errada. Qualquer educação que se baseie na ideia de ambição cria um inferno na Terra, e se dá bem com isso.

Todo mundo está sofrendo e se sentindo inferior. É uma situação realmente estranha. Ninguém é inferior e ninguém é superior, porque cada indivíduo é único; nenhuma comparação é possível. Você é você, e você é simplesmente você, não pode ser outro. Nem há necessidade disso. Você não precisa ser famoso, não precisa ser um sucesso aos olhos do mundo. Essas são ideias tolas.

Você só precisa ser criativo, amável, consciente, meditativo. Se sentir a poesia despertando em você, escreva para si, para seu marido, seus filhos, seus amigos — e esqueça o resto! Cante sua canção; e se ninguém ouvir, cante sozinho, e divirta-se com isso. Ou converse com pássaros e animais; e eles terão uma compreensão muito melhor que a dos seres humanos envenenados há séculos e séculos com conceitos deturpados sobre a vida.

A pessoa ambiciosa é patológica. Você tem um sentimento negativo de si próprio porque foi forçado a se sentir desse modo. Seus pais fizeram isso com você, essa é a sua herança. Seus professores fizeram isso com você; seus líderes religiosos, também. Seus líderes políticos fizeram isso com você — e tantas pessoas ainda fazem que, naturalmente, você aceita a ideia de que é um imprestável, que não tem valor ou significado intrínseco, que não tem a menor importância.

Os pais dizem aos filhos: "Prove que tem valor!" Ser, apenas ser, não é suficiente; é preciso fazer.

Minha posição é que ser é intrinsecamente valioso. O fato de você *ser* já é uma dádiva da existência, que mais se pode querer? Simplesmente respirar nesta linda existência é prova suficiente de que a existência o ama, de que precisa de você; do contrário, você não estaria aqui. Você é! A existência lhe deu a luz. Devia haver uma falta enorme, e você a supriu. Sem você, a existência seria menor. E quando digo isso, não me refiro só a você, eu me refiro às árvores, aos pássaros, aos animais, aos pedregulhos na costa. Um único pedregulho a menos na imensa orla marítima e ela não seria a mesma. Uma única flor a menos e o universo sentiria falta dela.

Você precisa aprender que é valioso como é. E não estou lhe ensinando a ser egoísta, pelo contrário. Se você se sentir valioso como é, sentirá que os outros também o são.

Aceite as pessoas como elas são; abandone os "deveria ser" — eles são inimigos. As pessoas carregam muitos "deveria ser": "Faça isso e não aquilo!" Você carrega consigo tantos "faça isso" e "não aquilo" que não consegue dançar; o fardo é pesado demais. Deram-lhe tantos ideais e metas, ideais de perfeição, que você sente que está deixando a desejar. E os ideais são totalmente impossíveis de atingir. Você não consegue realizá-los; não há a menor possibilidade. Por isso, sente-se sempre inadequado.

Ser perfeccionista é preparar-se para o divã do psiquiatra; ser perfeccionista é ser um neurótico. E sempre nos disseram que devemos ser perfeitos.

A vida é bela em todas as suas imperfeições. Nada é perfeito. Deixe-me dizer-lhe isto: nem Deus é perfeito — porque, se

Deus é perfeito, então Friedrich Nietzsche está certo ao afirmar que Deus está morto. Perfeição é morte! Perfeição é a não possibilidade de crescimento. Perfeição é o fim de tudo. Imperfeição é possibilidade de crescer. Imperfeição é a excitação de novos campos, o êxtase, a aventura. Imperfeição é estar vivo, é a continuidade da vida. A vida é eterna, por isso, afirmo que ela é eternamente imperfeita. Não há nada de errado em ser imperfeito. Aceite sua imperfeição e o sentimento negativo acerca de si próprio desaparecerá. Aceite seu estado atual e não o compare com alguma perfeição futura, um futuro ideal. Não pense em termos de como você deveria ser. Essa é a raiz de toda a patologia, fuja disso. Você é como é hoje; e amanhã pode ser diferente. Mas não pode prever isso hoje; e também não há necessidade de planejar isso.

Viva este dia em toda a sua beleza, em toda a sua alegria, e toda a sua dor, agonia, êxtase. Viva o dia em sua totalidade, em sua escuridão, em sua luz. Viva o ódio e viva o amor. Viva a raiva e viva a compaixão. Viva tudo o que existir neste momento.

Minha abordagem não é a de perfeição, mas da totalidade. Viva totalmente o momento que lhe está disponível; e o momento seguinte nascerá dele. Se este momento for vivido totalmente, o momento seguinte alcançará um tom mais alto de totalidade, um pico maior de totalidade — pois de onde mais viria o momento seguinte? Ele nascerá a partir deste momento. Esqueça tudo sobre o futuro, o presente basta.

Jesus diz: "Não pense no amanhã e observe os lírios do campo! Como são belos. Nem Salomão, com todo o seu esplendor, se comparava em beleza." E qual é o segredo dos lindos lírios? O segredo é simples: eles não pensam no amanhã, nada sabem do futuro. O amanhã não existe. Este dia é suficiente para eles; este momento basta, em si. E o seu sentimento de negatividade quanto a si próprio desaparecerá.

Lembre-se: sentir-se negativo em relação a si próprio fará com que você sinta o mesmo a respeito das outras pessoas. Esse é um corolário necessário, que deve ser compreendido. A pessoa negativa a respeito de si mesma não pode ser positiva com mais ninguém, porque os defeitos que vê em si própria também serão vistos nos outros, aliás, parecerão defeitos ainda maiores nos outros. É uma vingança. Seus pais o fizeram se sentir negativo e agora você se vinga em seus filhos; fará com que se sintam ainda mais negativos.

Assim, a negatividade cresce a cada geração. Cada geração se torna cada vez mais patológica. Se as pessoas modernas sofrem tanto, psicologicamente falando, isso nada tem a ver com elas próprias; simplesmente mostra que todo o passado delas foi errado. É o acúmulo de todo o passado. Se não conseguirmos abandonar esse passado patológico e recomeçar do zero, vivendo no presente, sem ideia de perfeição, sem ideais, sem "deveria ser", sem mandamentos, a humanidade estará condenada.

Todo mundo se sente negativo. Alguns reconhecem isso, outros, não. E quando uma pessoa se sente negativa a respeito de si própria, também se sente assim a respeito de tudo mais. Sua atitude se torna negativa, a atitude do "não". E se uma pessoa negativa é levada até uma roseira, ela contará os espinhos, em vez de olhar as rosas; ela não consegue olhar. Não é capaz de fazer isso. Simplesmente, ignorará as rosas e contará os espinhos.

Se você se sente negativo, tudo na vida se torna uma noite escura. Não existem mais madrugadas, as manhãs nunca chegam. O sol apenas se põe, e nunca nasce. Suas noites escuras nem ao menos têm estrelas. O que você poderá dizer sobre as estrelas, se não tem sequer uma vela pequena?

A pessoa negativa vive nas trevas, vive uma espécie de morte. Morre lentamente. Isso é o que ela pensa da vida. Autoboicota-se de várias maneiras; é autodestrutiva. E, claro, quem entrar em contato com essa pessoa é, também, destruído por ela. Uma mãe negativa destruirá seu filho. O marido negativo destruirá sua mulher; a mulher negativa destruirá o marido. Pais negativos destroem os filhos; o professor negativo destrói seus alunos.

É preciso uma nova humanidade que afirme a vida, que ame a vida, que ame o amor, que ame esta existência como ela é, que não exija perfeição, que celebre a vida com todas as suas limitações. E você ficará surpreso. Se amar sua vida, a vida começará a lhe abrir portas. Se você amar, os mistérios serão revelados, os segredos serão expostos. Se você amar seu corpo, mais cedo ou mais tarde se tornará consciente da alma que nele vive. Se amar as árvores, as montanhas e os rios, cedo ou tarde verá as mãos invisíveis da existência por trás de tudo. A assinatura dela em cada folha. Você só precisa de olhos para ver, e só os olhos positivos conseguem ver; olhos negativos nada veem.

Aceite-se; caso contrário, vai se tornar um hipócrita. E o que é um hipócrita? Um indivíduo que afirma crer em determinada coisa e vive o contrário. Não reprima nada, nada é negativo em você. A existência é inteiramente positiva. Expresse sua essência mais oculta. Cante sua música e não se preocupe com qual música é. Não espere aplausos, não há necessidade. O cantar, em si, deve ser a própria recompensa.

Se você quiser realmente viver, precisará de um profundo sim no coração. Só o sim lhe permite viver. Ele o alimenta, lhe dá espaço para se mexer. Observe. Ao simplesmente repetir a palavra *sim*, algo começa a se abrir em você. Diga não, repita o não, e começará a se matar. Diga sim e se sentirá transbordando. Diga sim e estará pronto para amar, viver e ser.

Para mim, cada indivíduo é incrível, único. Não comparo as pessoas; a comparação não é o meu caminho, porque ela é sempre feia e violenta. Não direi que você é superior aos outros, nem que é inferior a este ou aquele. É apenas você mesmo; e é necessário, do jeito que você é. E você é incomparável, como todas as pessoas.

PARTE 2

Conectando mente e corpo

Por que as pessoas parecem tão cansadas? Estão todas lutando. Sua religião as ensina a lutar. Toda a sua criação se baseia em conflito, porque é só através da luta que o ego pode ser criado. Relaxar faz com que o ego desapareça. Relaxar significa tornar-se sem ego. Se seguir o fluxo, você não pode criar um ego. O ego não é um fenômeno natural; precisa de grande energia para se criar, e necessita dessa energia para se manter. Ter um ego é um fenômeno muito dispendioso. Toda a sua vida se desperdiça nele.

Percepção e relaxamento: dois lados da mesma moeda

Por que você fica tenso? Identificar-se com todos os tipos de pensamentos e medos — morte, falência, queda do dólar... Essas são suas tensões, que afetam também seu corpo. Seu corpo também fica tenso porque mente e corpo não são entidades separadas. Mente-corpo é um sistema único; por isso, quando a mente fica tensa, o mesmo ocorre com o corpo.

Percepção [no sentido de *estar consciente*] e relaxamento são os dois lados da mesma moeda. Não podem ser separados.

Pode-se começar com a percepção para, depois, entrar no relaxamento. Comece com a percepção; em seguida, a percepção o afastará da mente e da identificação com ela. De maneira natural, o corpo começa a relaxar. Você já não se prende mais e as tensões não sobrevivem à luz da percepção.

Também é possível começar pela outra extremidade. Simplesmente relaxe... Deixe todas as tensões se dissolverem... Conforme for relaxando, você vai se surpreender ao sentir a percepção despertar. Começar pela percepção, porém, é mais fácil; começar com o relaxamento é um pouco difícil, porque o próprio esforço de relaxar causa certa tensão.

Há um livro americano intitulado *Relax: Como vencer as tensões* [*You must relax*]. Se a palavra *deve* (*must*) está ali no título original, em inglês, como se pode relaxar? O dever causa tensão. A mera palavra, imediatamente, gera tensão. *Dever* é um verbo que vem como um mandamento de Deus. Talvez o autor do livro nada saiba a respeito de relaxamento e de suas complexidades.

Por isso, no Oriente, nós nunca começamos a meditação pelo relaxamento; começamos pela percepção. Desse modo o relaxamento vem naturalmente; não é preciso forçá-lo. Se você tiver que forçá-lo, haverá certa tensão. Tem que vir sozinho; só assim será um relaxamento verdadeiro. E ele vem.

Se quiser, você pode começar pelo relaxamento, mas sem a ideia de "dever". Começar pelo relaxamento é difícil; mas, se quiser tentar, tenho uma ideia do que fazer. Tenho trabalhado com muitas pessoas do Ocidente e percebi que, por não pertencerem ao Oriente, elas não conhecem a corrente oriental da consciência; essas pessoas vêm de uma tradição diferente, que nunca conheceu o conceito de percepção.

Criei especialmente para os ocidentais meditações como a Meditação Dinâmica. Enquanto conduzia campos de meditação, usava a Gibberish e a Kundalini. Se você quiser começar pelo relaxamento, essas meditações devem vir primeiro. Elas o libertarão de todas as tensões da mente e do corpo e, em seguida, o relaxamento será fácil. Você não faz ideia de quanto guarda dentro de si; e essa é a causa da tensão.

Permiti a Meditação Gibberish nos campos, nas montanhas. É difícil usá-la na cidade porque os vizinhos ficam doidos. Começam a ligar para a polícia e dizer: "Estão acabando com a nossa vida!" Mal sabem que, se participassem em suas casas, se libertariam da insanidade em que vivem! Mas eles não têm sequer noção de sua insanidade.

Durante a Meditação Gibberish, todo mundo pode dizer o que lhe vier à cabeça. Era delicioso ouvir o que as pessoas diziam — irrelevante, absurdo —, porque eu era a única testemunha. Cada um podia fazer o que quisesse, e a única condição era não tocar nos outros. As pessoas faziam de tudo: ficar de cabeça para baixo, correr nu pelo recinto, por uma hora inteira!

Um homem se sentava todos os dias à minha frente — devia ser um corretor da Bolsa ou algo semelhante —, e quando a meditação começava, ele sorria só de pensar no que faria. Em seguida, pegava o telefone e dizia: "Alô, alô..." Pelo canto do olho, me olhava. Eu evitava olhar, porque não queria perturbar sua meditação. O homem estava vendendo ações, comprando; passava a hora inteira no telefone.

Todo mundo fazia todas as coisas estranhas que vinha reprimindo. Quando a meditação terminava, havia dez minutos de relaxamento; nesse período, as pessoas se deitavam, não por decisão consciente, mas por estarem exaustas. Tudo de ruim fora jogado para fora. Elas se sentiam limpas e conseguiam relaxar. Milhares de pessoas deitadas em silêncio... Nem parecia que havia mil pessoas lá.

Chegavam até mim e pediam: "Prolongue esses dez minutos, porque nunca relaxamos tanto na vida, tamanho prazer.

Nunca pensamos que compreenderíamos o que é a percepção, mas, de repente, a sentimos chegando."

Portanto, se você quiser começar pelo relaxamento, passe, antes, por um processo catártico. Meditação Dinâmica, Kundalini ou Gibberish.

Talvez você não saiba a origem da palavra inglesa *gibberish*. Vem do nome de um místico sufi chamado Jabbar, e essa era sua única meditação. Quando alguém o procurava, ele instruía: "Sente-se e comece." E as pessoas já entendiam o que ele queria dizer. Nunca falava, nunca fez discurso algum; simplesmente, ensinava *gibberish* às pessoas.

De vez em quando, ele dava uma demonstração. Por meia hora, falava todo tipo de besteira em uma língua inventada; dizia tudo o que lhe viesse à mente. Era seu único ensinamento, e aos que entendiam, ele se limitava a instruir: "Sente-se e comece."

Jabbar ajudou muita gente a entrar em silêncio completo. Por quanto tempo você consegue falar? Chega um momento em que sua mente se esvazia. Aos poucos, brota um profundo vazio, e, nesse vazio, uma chama de consciência. Está sempre presente, cercada pelo seu palavrório, ou seu *gibberish*. Esse *gibberish* precisa ser removido; ele é seu veneno.

O mesmo se aplica ao corpo. Seu corpo tem áreas de tensão. Comece a fazer movimentos que o corpo deseja fazer. Não o manipule. Se ele quiser dançar, correr, rolar no chão, não é você que fará essas coisas: simplesmente deixe que o corpo faça. Diga ao corpo: "Você é livre, faça o que quiser." E ficará surpreso: "Meu Deus! Meu corpo queria fazer tudo isso, e eu o reprimia; e essa era a tensão."

Há, portanto, duas espécies de tensão: a física e a mental. Ambas precisam ser liberadas, antes de você começar o relaxamento que o conduzirá à percepção.

Mas começar pela percepção é muito mais fácil, principalmente para aqueles que entendem o processo da percepção, que é muito simples. O dia inteiro você usa sua percepção com as coisas: carros, trânsito. Você sobrevive até no trânsito! É uma absoluta loucura. Está usando a percepção sem perceber, mas apenas com as coisas externas. Essa mesma percepção tem que ser usada para o trânsito interno. Ao se fechar os olhos, há um trânsito de pensamentos, emoções, sonhos, imaginações; todo tipo de coisa passa como em um filme.

Aquilo que você faz no mundo exterior, faça exatamente igual no mundo interior, e torne-se testemunha. Uma vez provada, a alegria de ser testemunha torna-se tão grande, tão fantástica, que você a desejará mais e mais. Sempre que tiver tempo, deseje penetrar cada vez mais nela.

Não é uma questão de postura; não é uma questão de templo, igreja ou sinagoga. Quando não tiver o que fazer, sentado em um ônibus ou em um trem, feche os olhos. Assim, eles não ficarão cansados de olhar para fora e você terá tempo para se observar. Esses serão os momentos das mais belas experiências.

E, lentamente, à medida que a consciência se expande, toda a sua personalidade começa a mudar. Passar da inconsciência para a consciência, ou percepção, é o maior de todos os saltos quânticos.

Aprenda a estar consciente em todas as situações. Insista em usar cada situação para desenvolver a percepção.

Não se esforce ainda mais

A amargura exige mais energia que a bem-aventurança. A bem-aventurança é um estado da natureza. Aliás, ela não necessita de energia, porque é natural. A amargura exige energia, porque não é natural. Quanto mais natural você for, de menos energia precisará; quanto mais não natural quiser ser, de mais energia necessitará.

Ficar de pé demanda menos energia; tente se colocar de cabeça para baixo e precisará de mais energia. Sempre que for necessária mais energia, a pessoa está tentando algo não natural. A meditação não requer energia por ser passiva, inativa, silenciosa. Nela nada se faz — por que, então, necessitaria de energia?

A raiva requer energia; o pensar requer energia; a violência requer energia, porque, com elas, você faz algo contra a natureza, luta contra a natureza. É como tentar nadar contra a correnteza. Se você nadar seguindo o fluxo do rio, não precisará de energia. O rio o leva. Mas se nadar contra o curso do rio, precisará de muita energia, porque estará lutando contra a correnteza.

Por que as pessoas parecem tão cansadas? Estão todas lutando. Sua religião ensina a lutar; toda a sua criação se baseia em conflito, porque é só pela luta que o ego pode ser criado. Quando você relaxa, o ego desaparece. Relaxar significa tornar-se sem ego. Se seguir o fluxo do rio, você não pode criar um ego. O ego não é um fenômeno natural; precisa de grande energia para se criar, e necessita dessa energia para se manter. Ter um ego é um fenômeno muito caro. Toda a sua vida se desperdiça nele.

A primeira coisa que quero lhe dizer é que a percepção, a consciência, não precisa de energia. Você ficará surpreso: a inconsciência precisa de energia. A meditação não requer energia; o pensar requer energia. Relaxamento não precisa de energia! Tensão precisa de energia, ansiedade, também.

Entenda bem: tornar-se consciente não exige esforço. Se fizer algum esforço, criará tensão dentro de si — todo esforço gera tensão. Se você se esforçar ainda mais para ficar consciente, estará lutando consigo mesmo. Não há necessidade de luta.

A percepção não é um subproduto do esforço; a percepção é uma fragrância do desapego. A percepção é o desabrochar da entrega, do relaxamento do esforço.

Apenas sente-se em silêncio, relaxado, sem fazer nada, e a percepção começará a acontecer. Não é preciso arrastá-la de algum lugar; não é preciso buscá-la. Ela jorrará sobre você, vinda do nada. Fique em silêncio, sentado, e ela crescerá, a partir do seu interior, de seus próprios recursos.

Sei que é muito difícil se sentar em silêncio; os pensamentos não param de chegar. Pois deixe-os virem! Não lute contra os seus pensamentos e, assim, não precisará de energia. Apenas deixe-os chegar; o que mais se pode fazer? As nuvens vêm e vão; deixe os pensamentos virem e irem, para onde quiserem. Não levante a guarda e não tome a atitude de que o pensamento deve vir ou ir embora; não julgue. Que venham e partam. Permita-se esvaziar-se totalmente. Os pensamentos passam. Pois que passem; e, aos poucos, você verá que a ida e a vinda deles não o afeta. E quando não se é afetado pela ida e vinda dos pensamentos, eles começam a desaparecer, evaporam. Não por seu esforço, mas por seu vazio tranquilo e calmo, seu estado de relaxamento.

E não sinta que esse relaxamento demanda muita energia. Como o relaxamento pode precisar de energia? Relaxamento é, simplesmente, não fazer nada.

Sentado em silêncio,
Nada fazendo,
Vem a primavera
E a grama cresce sozinha...

Deixe esse mantra mergulhar em seu coração. Essa é a própria essência da meditação. Sentar-se em silêncio... Fazendo nada...

Vem a primavera... E a grama cresce sozinha. Tudo acontece! Você não precisa ser o fazedor.

Não faça da percepção sua meta; se fizer, não terá compreendido nada.

Não escolha

No momento em que você escolhe, não está mais inteiro; algo foi rejeitado, algo foi escolhido. Você optou por um lado; preferiu uma coisa, a outra. Já não está mais inteiro.

Você diz: "Escolho a meditação e não ficarei mais zangado." O resultado certeiro será a amargura. Não virá a meditação, e sim a amargura! Agora você ficará amargurado em nome da meditação — e existem nomes bonitos para a amargura.

O ato de escolha, em si, já é uma amargura. Não escolher é bem-aventurança. Tente! Considere bem isso e acabará percebendo que a escolha, em si, é amargura. Mesmo que escolha a bem-aventurança, criará amargura. Não escolha coisa alguma e veja o que acontece.

É muito difícil não escolher. Estamos sempre escolhendo: toda a nossa vida é uma série de escolhas. Acreditamos que, se não escolhermos, quem escolherá por nós? Se não decidirmos, quem decidirá por nós? Se não lutarmos, quem lutará por nós? Acreditamos em uma noção muito idiota: a existência está contra nós, temos que lutar, que estar em constante vigília contra a existência.

A existência não está contra você. Você é, apenas, uma pequena onda nesse oceano; você não está separado da existência. Como a existência pode estar contra você? Você faz parte dela. É a existência que lhe dá a luz — como a mãe pode ficar contra o filho?

A existência é nosso lar; pertencemos a ela, ela nos pertence. Portanto, não precisamos nos preocupar; não há motivo para lutar por fins e metas pessoais. Podemos relaxar no sol, no vento, na chuva. Podemos relaxar. O sol é parte de nós, como somos parte dele; e as árvores são parte de nós, como somos parte delas. Veja que toda a existência é interdependente; é uma rede tremendamente complicada, mas tudo está ligado a tudo. Nada é separado. Então, para que escolher? Simplesmente viva aquilo o que é, em sua totalidade.

Surge um problema porque você encontra polos opostos dentro de si e a mente lógica pergunta: "Como posso ser os dois?" Certa vez, uma pessoa me perguntou: "Sempre que estou apaixonado, a meditação é perturbada. Sempre que medito, começo a perder meu interesse pelo amor. O que devo fazer? O que devo escolher?"

A ideia de escolha surge por causa das polaridades. Sim, é verdade: ao se apaixonar, você tende a esquecer a meditação, e se entra em meditação, perde o interesse pelo amor. Mas, mesmo assim, não há necessidade de escolher. Quando sentir vontade de amar, ame. Não escolha! Quando sentir vontade de meditar, medite. Não escolha! Não há necessidade de escolher.

E o desejo por ambas as coisas nunca ocorre ao mesmo tempo. Isso é bastante significativo, e deve ser entendido: o desejo de ambas as coisas *nunca* ocorre ao mesmo tempo. É impossível, porque amar é o desejo de estar com alguém; amar é focar no outro. E meditar é esquecer o outro e focar em si. Os dois desejos não surgem juntos.

Querer estar com alguém é um indício de que está cansado de si mesmo. E quando quer ficar consigo, significa que está cansado do outro. É um belo ritmo! Estar com o outro cria um desejo profundo de se estar sozinho. Pode perguntar aos enamorados. Todos querem estar sozinhos, às vezes. Mas eles têm medo de ficar sozinhos, porque acham que isso é contrário ao amor e ao que o parceiro ou a parceira vai pensar! A outra pessoa pode se sentir ofendida. Por isso, todos fingem. Embora queiram estar sozinhos e desejem seu espaço, fingem e continuam juntos. Essa farsa é destrutiva para o amor. E torna a relação falsa.

Quando você quiser ficar sozinho, diga ao outro, com todo respeito e amor: "Um grande desejo de ficar sozinho está despertando em mim e preciso satisfazer esse desejo; não é questão de escolha. Por favor, não se ofenda. Não é com você; é apenas meu ritmo interior."

E isso também ajudará a outra pessoa a ser autêntica e sincera com você. Aos poucos, se você realmente ama uma pessoa, os ritmos começam a entrar em sintonia; e esse é o milagre, a magia do amor. Se existe um amor genuíno entre duas pessoas, esse resultado é inevitável. Elas começarão a perceber que o desejo de estar juntas e o desejo de estar separadas surgem no mesmo momento para as duas. Elas chegam ao mesmo ritmo: às vezes, estarão juntas, dissolvendo-se uma na outra, esquecendo tudo acerca de si próprias; e, outras vezes, brotará de uma para a outra o desejo de se afastar, se separar e se retirar para o próprio espaço, tornar-se cada uma seu próprio eu, tornar-se meditador.

Entre a meditação e o amor, não há escolha. Ambos devem ser vividos. E você deve satisfazer aquele que despertar em você, aquele que for seu anseio mais profundo no momento.

Aceite os altos e baixos

É preciso aceitar mais os altos e baixos da vida. Há um ritmo: às vezes, você se sente sintonizado; outras vezes, sente que está fora de sintonia; isso é natural. É como o dia e a noite, verão e inverno. É preciso aprender o lado sombra de tudo. Se você não aceita a sombra, torna-se, necessariamente, perturbado, e essa perturbação deixa as coisas mais complicadas.

Quando algo bonito acontece, aceite, sinta-se grato; quando não acontecer, aceite também, e continue se sentindo grato, sabendo que é apenas um período de descanso. Você trabalhou o dia todo e à noite sente sono. Não fique amargurado porque não consegue trabalhar e ganhar dinheiro e fazer mil e uma coisas ao mesmo tempo, já que tem tanto a fazer... Não se preocupe com isso!

Há pessoas que se preocupam. E, por causa disso, começam a perder o sono, o que não ajuda em nada. A pessoa que não consegue dormir à noite se sente exausta pela manhã, mais cansada do que estava quando foi para a cama. A pessoa que esquece o dia e aceita a noite como descanso, entrando em relaxamento profundo, é capaz de levantar-se pela manhã com novos olhos e um novo ser. Será capaz de aceitar o novo dia e lhe dar as boas-vindas; ficará feliz por respirar o ar novamente, ver o sol e as pessoas.

Lembre-se, sempre, de que tudo tem seu período de descanso. E o período de descanso não é contra a atividade; o período de descanso dá, à atividade, energia, vitalidade.

Não lute contra a sua natureza

O psicólogo Hans Selye trabalhou a vida toda em um único problema: o estresse. E chegou a algumas conclusões profundas. Uma, é que o estresse nem sempre é errado; pode ser usado de belas maneiras. Não é necessariamente negativo. E não é bom pensarmos que ele é, porque, aí, criamos problemas. O estresse, em si, pode ser usado como um demarcador, pode se tornar uma força criativa. Mas aprendemos, de modo geral, que o estresse é ruim; por isso, quando nos encontramos sob algum tipo de estresse, temos medo. E o medo torna a situação ainda mais estressante; em nada ajuda a situação.

Os problemas econômicos, por exemplo, talvez causem algum estresse. Ao sentir que há certa tensão, você fica com medo. Diz a si mesmo: "Preciso relaxar." Bem, tentar relaxar não ajuda; na verdade, tentar relaxar cria outro tipo de estresse. O estresse está lá, você tenta relaxar e não consegue; está, portanto, piorando o problema.

Quando surgir o estresse, use-o como energia criativa. Primeiro, aceite-o; não é preciso lutar contra ele. Aceite-o; está tudo bem. O estresse simplesmente diz: "Existem problemas econômicos, alguma coisa está errada, você pode perder algo." O estresse é apenas um indício de que o corpo está pronto para assumir a situação. Se você tenta relaxar ou toma analgésicos ou tranquilizantes, age contra o corpo.

O corpo está se preparando para lidar com determinada situação, determinado desafio. Aproveite o desafio! Mesmo que, às vezes, não consiga dormir à noite, não é preciso se preocupar. Use a energia que brota do estresse: caminhe, corra, faça um passeio longo. Planeje o que quer fazer, o que a mente quer fazer. Em vez de tentar dormir, já que não consegue, use a situação de maneira criativa. A mente está lhe dizendo que o corpo está pronto para lidar com um problema: não é hora de relaxar. O relaxamento pode vir depois.

Na verdade, se você experimentou o estresse em sua integridade, acabará relaxando automaticamente; você só consegue ir até determinado ponto e, então, o corpo relaxa, automaticamente. Se você quiser relaxar no meio, criará problema; o corpo não pode relaxar no meio. É como se um corredor olímpico estivesse pronto para o tiro de partida e resolvesse relaxar nesse instante. Ele estava cheio de estresse, não era hora de relaxar. Se o corredor tomar um tranquilizante, não poderá correr. Ou, se relaxar e tentar fazer Meditação Transcendental, perderá. O corredor precisa usar o estresse; o estresse está fervendo, acumulando energia. O corredor está ganhando vitalidade e está cheio de potencial. Agora, precisa aproveitar o estresse, e usá-lo como energia, como combustível.

Selye deu a esse tipo de estresse um nome novo: *eustresse* — assim como *euforia*. É um estresse positivo. Quando o corredor terminar a corrida, entrará em um sono profundo; o problema está resolvido. Agora que o problema não existe mais, o estresse acaba.

Por isso, experimente também: quando estiver em uma situação estressante, não se desespere, não tenha medo. Entre no estresse, use-o a seu favor. O ser humano tem tremenda energia, e quanto mais usá-la, mais terá dela.

Quando passar por uma situação estressante, lute. Faça tudo que puder, entre loucamente nela. Permita, aceite e lhe dê boas-vindas. O estresse é bom, ele o prepara para a luta. E quando ele acabar, você ficará surpreso: virá um grande relaxamento; e esse relaxamento não pode ser criado. Talvez você não consiga dormir por dois ou três dias e, depois, não acordará por 48 horas; mas tudo bem!

Carregamos conosco muitas noções erradas; por exemplo, de que toda pessoa precisa dormir oito horas por dia. Depende da situação. Há situações em que o sono não é necessário: sua casa está pegando fogo e você tenta dormir. Isso não é possível, nem deveria ser possível, pois quem apagará o fogo? E quando a casa está em chamas, todas as outras coisas são deixadas de lado; de repente, seu corpo está pronto para combater o fogo. Você não sente sono. Quando o fogo se extingue e tudo se ajeita, você pode dormir por muito tempo, e será suficiente.

As pessoas não precisam da mesma quantidade de sono. Algumas se dão bem com duas, três, quatro, cinco horas; outras precisam de seis, oito, dez, 12. As pessoas são diferentes, não há uma norma. E o estresse também é sentido de maneiras diferentes.

Há dois tipos de pessoas no mundo: um, é o tipo cavalo de corrida, e o outro, é a tartaruga. Se o cavalo de corrida não pode ser rápido, fazer tudo com velocidade, sofrerá sob o estresse; precisa seguir seu ritmo. Se você é um cavalo de corrida, esqueça o relaxamento e coisas do gênero: eles não são para você. São para as tartarugas! Seja um cavalo de corrida se isso lhe for natural e não pense nos prazeres que as tartarugas desfrutam, pois não são para você. Seu prazer é de outro tipo. Se uma tartaruga começa a se tornar um cavalo de corrida, terá o mesmo problema!

Portanto, aceite sua natureza. Se você é um lutador, um guerreiro, tem que ser assim, e esse será seu prazer. Não precisa ter medo, entre nisso integralmente. Entre em competição no mercado, faça tudo o que quiser fazer realmente. Não tenha medo das consequências e aceite o estresse. É preciso compreender qual é o seu tipo. Quando você compreender isso, não haverá mais problema; aí, poderá definir claramente como agir.

Procure a compensação

Se você acha que vive criando infelicidade para si próprio, deve estar aproveitando alguma coisa disso; do contrário, por que criaria infelicidade? Às vezes, a amargura pode lhe ser vantajosa. Você pode não estar ciente e não ter consciência desse aspecto, e pensa: "Por que crio a amargura?", e não percebe que sua amargura está lhe trazendo algo que você quer.

Por exemplo, sempre que uma pessoa se sente amargurada, os outros se compadecem dela. Se você está triste, seu marido se aproxima e põe a mão em sua cabeça, faz uma massagem, é muito carinhoso, lhe dá atenção. A amargura é vantajosa, nesse sentido.

Olhe ao seu redor. De manhã, as crianças começam a sentir dor de estômago no instante em que o ônibus escolar chega. E você sabe! Sabe por que o Joãozinho está com dor de estômago. Mas o mesmo acontece com você. Pode ser um pouco mais sofisticado, mais astuto, mais racionalizado, mas é o mesmo.

Quando as pessoas começam a falhar na vida, sofrem de pressão arterial alta, infartos e todo tipo de problema. Esses problemas são racionalizações. Já notou? Infartos e pressão alta, quase sempre, ocorrem por volta dos 42 anos de idade. Por que perto dos 42? De repente, uma pessoa saudável se torna vítima de um infarto.

Aos 42 anos a vida chega a uma espécie de conclusão, quer você tenha fracassado, quer tenha se dado bem. Depois dos 42, não há mais muita esperança: se você ganhou dinheiro, ganhou; porque, agora, os melhores dias de energia e poder já foram. A idade pico é 35. Pode acrescentar a isso mais sete anos; aliás, há sete anos você já vem descendo a montanha. Mas já fez tudo o que podia. E agora chega aos 42 e, de repente, vê que fracassou.

Agora, precisa de uma racionalização. O infarto é imediato. É uma dádiva, uma bênção de Deus. Agora, você pode cair na cama e dizer: "O que posso fazer? O infarto atrapalhou tudo. Quando tudo ia bem, quando eu ia alcançar o sucesso, ganhar fama ou dinheiro, veio o infarto." O infarto é uma linda camuflagem; ninguém pode dizer que é sua culpa, que você não se esforçou, que não tem inteligência suficiente. Ninguém pode dizer nada disso. As pessoas se apiedam de você, são gentis e dizem: "O que se pode fazer? É o destino."

A amargura é sempre escolhida porque ela lhe traz alguma coisa; e você precisa ver o que ela lhe dá. Só assim se livrará dela. Do contrário, não conseguirá; se não estiver disposto a abandonar suas vantagens, não se livrará da amargura. Se as prisões fossem lugares bonitos, quem desejaria sair delas? E se você está em uma prisão e não tenta sair, olhe ao redor. Deve haver algo que o mantém nela: carpetes cobrindo as paredes, televisão em cores, ar-condicionado, belos quadros. As janelas não têm grades e não há nenhum guarda. Você tem a sensação de absoluta liberdade! Então, por que tentaria fugir? A questão não é como sair; a questão é como ficar!

Observe novamente sua amargura; não a condene logo de cara. Se a condenar logo de cara, não poderá vê-la, não poderá observá-la. Aliás, não a chame sequer de amargura, pois as palavras têm conotações. Quando a chama de amargura, já a condenou; e quando condena algo, você se fecha para esse algo, não olha para ele. Chame-a de *XYZ*, não faz diferença. Chame-a de *X*. Qualquer que seja a situação, seja um pouco matemático — chame-a de *X*, entre nela e veja o que é, quais são suas vantagens, quais seus principais motivos para criá-la, por que se apega a ela. E ficará surpreso: aquilo que você tem chamado de amargura contém muito do que você aprecia. E enquanto não vir isso e observar o que gosta a respeito dessa amargura, não será capaz de mudar nada.

Há, então, duas possibilidades. Uma, é que você pare de pensar em sair desse padrão, porque as vantagens são tão incríveis que você as aceita. E aceitar o padrão é uma transformação. A segunda possibilidade é ver que sua infelicidade é criada por você mesmo, por seus desejos inconscientes, e que esses desejos inconscientes são estúpidos. Vendo toda a estupidez disso, você não dará mais apoio. O padrão desaparece sozinho. Essas são as duas possibilidades: seu apoio desaparece e a amargura some, ou você simplesmente a aceita porque gosta das coisas que ela lhe traz, dá as boas-vindas a ela; e nessas boas-vindas, de novo, a amargura desaparece.

Esses são dois lados da mesma moeda. Mas a compreensão é necessária, a total compreensão de sua amargura. Só então você pode ser transformado. Ou abandona todo esse padrão a partir do entendimento ou aceita tudo. São os dois caminhos, o negativo e o positivo, para a transformação acontecer.

Procure o mutável, aprecie o imutável

De certa forma, todos os dias são iguais. Como poderiam não ser? O mesmo sol, o mesmo nascer do sol todas as manhãs e o mesmo poente, sim. Mas, se você observar bem, já viu dois nascimentos de sol exatamente iguais? Já viu as cores no céu? Já viu as formações de nuvens em volta do sol?

Não há dois nascimentos do sol iguais; nem dois poentes. O mundo é uma continuidade descontínua. Descontínua porque, a cada momento, algo novo acontece; e contínuo porque nunca é absolutamente novo. É interligado. Portanto, é verdade que nada há de novo sob o sol e, ao mesmo tempo, nada há de velho sob o sol. Ambas as ideias são verdadeiras.

Nada é novo e nada é velho. Tudo vive mudando e, de certo modo, permanece o mesmo; de certa forma, permanece o mesmo e muda. Essa é a beleza, o mistério, o segredo. Não se pode reduzir a uma fórmula; não se pode dizer que é tudo igual, nem que não é. Não se pode reduzir a vida em categorias; os escaninhos são inúteis. Quando se trata de vida, é preciso abandonar todos os escaninhos, as categorias. Ela é maior que as categorias, transcendental a elas. É tão vasta que não se pode definir seu começo ou fim.

Ontem eu estava aqui, mas não sou o mesmo. Como posso ser? Naquele momento, tanta água desceu o Ganges! Estou 24 horas mais velho, tenho 24 horas a mais de experiência, 24 horas de percepção. Sou mais rico; não sou o mesmo. A morte chegou um pouco mais perto. Você também não é o mesmo; entretanto, eu pareço o mesmo, e você, também.

Você entende a questão. É a isto que me refiro quando digo que a vida é um mistério: não se pode classificá-la, não se pode defini-la. "É assim." Quando você diz isso, imediatamente percebe que a vida o contradiz.

As árvores são as mesmas de ontem? Muitas folhas caíram, muitas folhas novas cresceram, muitas flores murcharam. Muitas flores nasceram. Como elas podem ser as mesmas? Veja, hoje os pássaros não estão cantando. Está tão silencioso. Ontem os pássaros cantavam. Era um silêncio diferente, era repleto de canção. O silêncio de hoje é outro; não é repleto de canção. Nem o vento está soprando. Tudo parou. Ontem havia um vento forte. As árvores estão meditando hoje; ontem dançavam. Não pode ser igual e, no entanto, é.

Depende de você, de como você olha a vida. Se a olhar como se fosse a mesma, ficará entediado. Não jogue sua responsabilidade para outro. É a sua visão. Se você diz que é tudo igual, ficará entediado. Se enxergar a mudança constante, o fluxo, o grande rodamoinho à sua volta, o dinamismo da vida, cada momento em que o velho desaparece e o novo chega; se enxergar o contínuo nascimento, se vir a mão da natureza continuamente criando, ficará maravilhado, emocionado. Sua vida não será tediosa. Você estará continuamente se maravilhando. "O que vem agora?" Não se sentirá entediado. Sua inteligência permanecerá afiada, viva e jovem.

Depende só do que você quer. Se quiser se tornar uma pessoa morta, estúpida, chata, sombria, triste e entediada, acredite que a vida é a mesma. Se quiser se tornar jovem e vivo, renovado, radiante, acredite que a vida é nova a cada momento.

O filósofo grego Heráclito disse: "Não se pode entrar duas vezes no mesmo rio." Você não pode encontrar a mesma pessoa duas vezes nem ver o mesmo nascer do sol duas vezes. Isso fica a seu critério. E se me entende, digo, não escolha. Se escolher a ideia de que tudo é velho, você se torna velho. Se escolher que tudo é jovem e novo, você se torna jovem. Se me entende, digo não escolha; veja que as duas noções são verdadeiras. Ao não escolher, você transcenderá todas as categorias. Não é velho nem jovem. Então, se tornará eterno, com aspecto de um deus, como a vida em si.

Se acreditar que tudo é igual, ficará entediado. A repetição o matará. Para ser sagaz e ativo, é preciso ter algo não repetitivo. Algo novo, constantemente acontecendo, que faça com que se sinta vivo, que o mantenha ativo e atento.

Você já observou um cachorro sentado e em silêncio? Há uma rocha na frente dele, mas ele não se preocupa. Mas comece a mover a rocha. Amarre um pequeno cordão na rocha e puxe-a; o cachorro dará um pulo. Começará a latir. O movimento deixa você alerta, toda chatice se vai. Naquele momento, o cachorro não está mais com sono. Não está mais sonhando acordado. Simplesmente, ele pula e sai do sono. Algo mudou.

A mudança dá movimento, mas uma mudança constante também é perturbadora. Assim como a mesmice constante é mortal, a mudança constante pode arrancar suas raízes.

Isso está acontecendo no Ocidente; as pessoas estão sempre mudando de vida. Os estatísticos dizem que nos Estados Unidos o limite médio de uma pessoa permanecer em um emprego é de três anos. As pessoas mudam de emprego, mudam de cidade, mudam de cônjuge, tentam mudar tudo; trocam de carro todo ano, ou de casa; seus valores mudam. O Rolls Royce é feito na Inglaterra. A ideia é que o carro dure para sempre, ao menos o tempo inteiro de uma vida. Na América, são fabricados carros lindos, mas a durabilidade não é levada em conta: quem quer ficar com o mesmo carro a vida toda? Se durar um ano, já basta. Ao comprar um carro, o norte-americano não se preocupa com a durabilidade; pergunta sobre a possibilidade de troca no futuro. Os americanos vivem em um mundo de mudança, tudo muda, mas eles perderam as raízes.

Sempre ficava surpreso ao voltar à minha aldeia na Índia. O que notava de cara é que o tempo lá havia parado. Tudo parece eternamente igual. Mas as pessoas têm raízes. São enfadonhas, mas são muito enraizadas. Estão muito confortáveis, felizes. Não estão alienadas. Não se sentem como estranhos. Como poderiam se sentir como estranhos quando tudo é tão familiar e constante? Quando nasceram, era o mesmo; quando morrerem, será o mesmo. Tudo é tão estável! Como é possível se sentir um estranho? Toda a vila é como uma pequena família.

Nos Estados Unidos, tudo perde as raízes. Ninguém sabe de onde é. O próprio sentido de pertencimento é perdido. Se você perguntar a alguém "A que lugar você pertence?", a pessoa dá de ombros. Esteve em tantas cidades, tantas faculdades, tantas universidades. Não sabe com certeza nem quem é porque a identidade é muito frouxa, fluídica. De certa maneira, isso é bom, porque a pessoa permanece sagaz e ativa, mas suas raízes se foram.

Ambas as coisas foram experimentadas: estabilidade, pertencimento, nada novo sob o sol; tentamos isso no passado, por muitos séculos. Enferrujou a mente humana. As pessoas estavam confortáveis, mas não se sentiam muito vivas. E, então, algo aconteceu nos Estados Unidos e se espalhou pelo mundo, porque a América é o futuro do mundo. O que acontece lá acontecerá em todo lugar, cedo ou tarde. O país lança as tendências. As pessoas estão muitas vivas, mas sem raízes, e não sabem a que lugar pertencem. Um grande desejo pela sensação de pertencimento tem surgido. Um grande desejo de ter raízes em algum lugar, possuir alguém e ser possuído por alguém: algo durável, algo estável, algo como um centro, uma base, porque as pessoas se movem como rodas, e parece não haver descanso. É muito estressante estar em constante mudança, mudando continuamente. E a mudança se acelera a cada dia, torna-se cada vez mais rápida. Tudo está em um grande fluxo e em um turbilhão e caos; e as pessoas se sentem profundamente estressadas, sob grande pressão e tensão.

Ambas as coisas têm suas vantagens e suas maldições. É preciso sintetizar essas duas orientações e se observar que a vida é o velho e o novo juntos, simultaneamente. Velho, porque o passado inteiro está presente no momento atual; novo, porque o futuro inteiro está potencialmente presente neste momento. O momento atual é uma culminação de todo o passado e o começo de todo o futuro. Neste momento, tudo o que aconteceu está oculto e tudo o que acontecerá, também. Cada momento é tanto passado quanto futuro, uma convergência de passado e futuro. Então, uma coisa é velha e outra coisa é nova; e se você puder se reconhecer como ambas, terá dinamismo e raízes, ao mesmo tempo. Ficará à vontade, sem qualquer estresse. Não se tornará enfadonho e estará muito consciente e alerta.

Ouvi a seguinte história...

Certa tarde, a Sra. McMahon ficou doida. Quebrou todos os pratos e xícaras e transformou sua cozinha, geralmente imaculada, em um caos. A polícia chegou e a internou em um manicômio da cidade. O psiquiatra-chefe chamou o marido dela.

— O senhor sabe o motivo — perguntou o médico — de sua esposa ter perdido o juízo de repente?

— Estou tão surpreso quanto vocês — respondeu o Sr. McMahon. — Não imagino o que deu nela. Sempre foi tão tranquila, trabalhadora. Ora, em vinte anos, ela nunca saiu da cozinha!

É evidente por que a Sra. McMahon ficou louca. Basta somar dois mais dois. Se por vinte anos você não sai de uma cozinha, pode ficar louco mesmo. Mas o contrário também o deixaria louco. Se você não permanece em casa por anos e se tornou um viajante, sempre indo a algum lugar, mas nunca chegando a lugar algum, sempre indo e nunca chegando; se você se tornou um nômade e não tem mais um lar, também começará a enlouquecer.

Ambas as situações são perigosas, se consideradas separadamente. Mas, juntas, tornam rica a vida. Todas as polaridades deixam a vida rica: yin e yang, homem e mulher, claro e escuro, vida e morte, Deus e o diabo, santo e pecador. Sem polaridades a vida se torna monótona. Não escolha uma vida monótona. Torne-se mais rico.

PARTE 3

Relacionando-se a partir do centro

Todos os relacionamentos são como um espelho. Você vê seu rosto no espelho do outro. É muito difícil ver o próprio rosto diretamente. Você precisa do outro, do espelho, para ver o próprio rosto. E onde encontrará espelho melhor que os olhos do outros? Veja-se nos olhos de seu inimigo e uma faceta de seu ser aparecerá. Veja-se nos olhos da pessoa amada, ou de seu amigo, e outra faceta de seu ser aparecerá. Veja-se nos olhos de alguém indiferente a você e ainda outra faceta de seu ser aparecerá. Colecione todas essas faces; elas são suas, diferentes aspectos de seu ser. Passeie por situações diferentes, com pessoas diferentes, em mundos diferentes, e junte toda essa riqueza, percepção, alerta e consciência. Depois, volte para o centro e leve consigo toda essa percepção. Dessa maneira, sua meditação será mais profunda e mais rica.

O convívio com os outros: as regras e o momento de quebrá-las

Todo mundo nasce em liberdade, mas morre em amarras. O começo da vida é totalmente solto e natural, mas, então, entra em jogo a sociedade, com regras e regulamentos, moralidade, disciplina e muitos tipos de treinamento; a liberdade e a naturalidade, ser espontâneo, se perdem. A pessoa começa a montar à sua volta uma espécie de armadura. Começa a se tornar cada vez mais rígida. A suavidade interior não é mais visível.

Nas fronteiras de seu ser, o indivíduo cria um tipo de fortaleza para sua defesa, para não ficar vulnerável, para reagir, ter segurança. A liberdade de ser está perdida. O indivíduo começa a olhar nos olhos dos outros. A aprovação dos outros, sua negação, sua condenação ou apreciação se tornam cada vez mais valiosas. Os outros se tornam o critério, e o indivíduo passa a imitá-los e segui-los.

Uma pessoa precisa viver com outras. Uma criança é muito maleável, pode ser moldada de qualquer forma; a sociedade começa a moldá-la — pais, professores, escola —, e, aos poucos, a criança se torna mais um personagem que um ser. Aprende todas as regras. Torna-se um conformista ou um rebelde, e ambos são como amarras. Se ela se torna um conformista, ortodoxo, "certinho", isso é uma forma de amarra. Por outro lado, pode reagir, tornar-se um hippie e partir para outro extremo; mas isso também é um tipo de amarra, porque a reação depende da própria coisa contra a qual reage. Você pode ir para o canto oposto, mas, no fundo, em sua mente, está se rebelando contra as mesmas regras. Outros as seguem, você luta contra elas, mas o foco permanece nas mesmas regras. Reacionários e revolucionários estão no mesmo barco. Podem se posicionar uns contra os outros, duelar, mas o barco é o mesmo.

Um homem centrado em seu ser não é reacionário nem revolucionário. Ele é solto e natural; não é a favor nem contra. Simplesmente, é ele mesmo. Não tem regras a seguir nem a refutar. Simplesmente, não tem regras. Um homem centrado é um homem verdadeiramente religioso: é livre em seu próprio ser, não é moldado por hábitos ou por condicionamentos. Não é um ser aculturado; não que ele não seja civilizado e primitivo. Ele é altamente civilizado e culto, mas não um ser aculturado. Desenvolveu-se na percepção e não precisa de regras; ele transcendeu as regras. É verdadeiro não porque há regra para ser verdadeiro. Mas, ao ser solto e natural, ele simplesmente é verdadeiro; assim o é, naturalmente. Tem compaixão não porque segue um preceito de ser compassivo. Sendo solto e natural, ele, simplesmente, sente a compaixão fluindo livremente. Nada deliberado; é apenas um subproduto de seu aumento de percepção. Tal homem não é contra nem a favor da sociedade. Simplesmente, está acima dela. Tornou-se novamente uma criança, uma criança de um mundo absolutamente desconhecido, uma criança em uma nova dimensão. Renasceu.

Toda criança nasce natural e livre; então, vem a sociedade; e ela tem de vir, por determinados motivos. Nada há de errado nisso, porque, se a criança for deixada sozinha, jamais crescerá, e se tornará um animal. A sociedade tem de vir; é preciso passar por ela, é uma necessidade. A única coisa a ser lembrada é que ela é apenas uma passagem. A sociedade não deve ser o lar de alguém. Deve ser seguida e transcendida. As regras precisam ser aprendidas e, depois, desaprendidas.

As regras entram em sua vida porque existem os outros. Você não está só. A criança no ventre da mãe está absolutamente só, não precisa de regras, nem de moralidade, disciplina ou ordem. As regras só vêm quando o "outro" entra em sua vida; as regras vêm com os relacionamentos. Como você não está sozinho, precisa pensar nos outros e ter consideração por eles. No momento em que nasce a criança, seu primeiro respiro já é social. Se a criança não chorar, os médicos, imediatamente, a forçarão a isso; pois, se ela não chorar, por alguns minutos, morrerá. Ela tem que chorar, porque o choro abre a passagem pela qual deverá respirar, desobstrui a garganta. Ela é forçada a chorar porque os outros estão presentes, e assim, começa a ser moldada. Nada há de errado nisso. Precisa ser feito, mas de uma maneira que a criança nunca perca sua percepção, não passe a se identificar com o padrão aculturado, permaneça livre em seu íntimo, saiba que deve seguir regras, mas que as regras não são a vida, e que saiba que precisa também aprender. Uma sociedade boa ensinará isto: "Estas regras são boas porque você precisa conviver com os outros, mas elas não são absolutas. Você não precisa ser confinado por elas. Um dia, deverá transcendê-las." Uma sociedade é boa se ensinar a seus membros a serem civilizados *e* a transcendê-la.

Até certo ponto, você precisa ouvir os outros; e, depois, deve começar a ouvir a si próprio. Precisa retornar ao seu estado de espírito original no fim. Antes de morrer, deve se tornar uma criança inocente de novo, livre e espontânea, porque, na morte, você volta a uma dimensão em que estará sozinho. Assim como no ventre, na morte você voltará a ficar sozinho. Não existe sociedade lá. E por toda a sua vida você precisa encontrar alguns espaços, alguns momentos como oásis no deserto, quando simplesmente fechará os olhos e transcenderá a sociedade, entrando em si próprio, em seu próprio ventre. Isso é meditar. A sociedade está lá; simplesmente feche os olhos, esqueça-a, e fique sozinho. Não existem mais regras, não é preciso um personagem, moralidade, palavras, linguagem. Você pode ser livre e espontâneo por dentro.

Cresça dentro dessa liberdade e espontaneidade. Mesmo que haja necessidade de disciplina exterior, por dentro você pode permanecer selvagem. Se um indivíduo consegue permanecer selvagem por dentro e ainda assim agir dentro dos padrões na sociedade, logo ele chega a um ponto em que simplesmente transcenderá.

Vou lhe contar uma história; é uma história sufi.

Um velho e um garoto viajam com um burrinho. Chegam a uma cidade, caminhando com o burrinho.

Algumas crianças com uniformes escolares passam por eles. Riem e dizem:

— Olhem só os tontos: têm um burro saudável e estão andando. Pelo menos, o velho podia sentar no burro.

Ao ouvir as crianças, o velho e o garoto se perguntam: "O que fazer? As pessoas estão rindo e logo vamos entrar na cidade." O velho, então, monta no burro, e o jovem o segue.

Em seguida, passam por outro grupo de pessoas, que olha para eles e diz:

— Olhem! O velho está sentado no burro e o pobre menino caminha. Isso é absurdo! O velho pode andar, mas o menino deveria sentar no burro.

Assim, os dois trocam de lugar; o velho começa a andar e o menino monta no burro.

Logo, outro grupo aparece e diz:

— Vejam só esses tolos. Esse menino parece muito arrogante. Talvez o velho seja seu pai ou seu professor, mas está caminhando enquanto o menino se senta no burro. Isso é contra todas as regras!

Então, o que os dois deveriam fazer? Decidem que só há uma possibilidade: ambos montam no animal. Ambos montam, e algumas pessoas passam e dizem:

— Olhem só esses dois, tão violentos! O pobre burrinho está quase morrendo. Duas pessoas em um burro? Seria melhor carregar o burro nos ombros!

Os dois conversam novamente e veem que estão se aproximando de um rio e uma ponte. Quase chegaram aos limites da cidade, então decidem:

— É melhor fazer o que as pessoas desta cidade dizem; do contrário, pensarão que somos tolos.

Encontram um pedaço de bambu, amarram as patas do burro, prendem-no no bambu e o carregam sobre os ombros. O burro tenta se rebelar, como sempre fazem os burros, pois são animais que não cedem facilmente. Tenta fugir, porque não acredita na sociedade nem no que os outros dizem. Mas os dois homens são muito fortes, e o animal acaba cedendo.

Bem no meio da ponte está passando uma multidão e todos se reúnem, dizendo:

— Vejam, que idiotas! Nunca vimos tamanha tolice. Em vez de montarem no burro, carregam-no nos ombros. Ficaram loucos?

Ouvindo a multidão, o burro fica tão inquieto que pula e se liberta, caindo no rio. Os dois pulam no rio, mas o burro morre. Eles se sentam juntos à margem do rio e o velho diz:

— Agora, escute...

Essa não é uma história qualquer. O velho era um mestre sufi, uma pessoa iluminada, e o menino, um discípulo. O velho mestre tentava ensinar uma lição ao menino. Os sufis sempre criam situações; dizem que sem uma situação real não se aprende direito. Portanto, aquele era só um cenário para o menino. O velho disse:

— Assim como aquele burro, você morrerá se der ouvido demais às pessoas. Não ligue para o que os outros dizem, porque há milhões de outros e cada um tem suas próprias ideias e cada um dirá algo diferente. Todo mundo tem uma opinião, e se você der ouvido a todas elas, esse será o seu fim.

"Não escute ninguém; permaneça você mesmo. Contorne os outros, seja indiferente. Se ficar escutando todos, invadirão aqui e ali. Você nunca será capaz de alcançar seu centro mais profundo."

Todo mundo se tornou excêntrico. Essa palavra é muito bonita: significa "fora do centro", e a usamos para descrever pessoas loucas. Mas *todo mundo* é excêntrico, fora do centro. E o mundo inteiro o ajuda a se tornar excêntrico porque todos querem invadi-lo. Sua mãe o invade pelo norte, seu pai, pelo sul; seu tio lhe diz uma coisa, seu irmão, outra. Sua esposa, claro, ainda o invade por outra direção. Todo mundo o invade e força, em determinado ponto. Aos poucos, chega um momento em que você não está em lugar algum. Fica no cruzamento, sendo empurrado do norte para o sul, do sul para o leste, do leste para o oeste, não chegando a lugar algum. Aos poucos, sua vida se torna isso; você se torna excêntrico. Essa é a situação. E se ficar escutando os outros e não seu centro interior, a situação continuará.

O objetivo de toda meditação é se tornar centrado, não excêntrico. Fazer com que você se torne seu próprio centro.

Escute sua voz interior, sinta-a e caminhe com esse sentimento. Aos poucos, você conseguirá rir das opiniões dos outros, ou simplesmente se tornará indiferente a elas. E quando ficar centrado, se tornará um ser poderoso; ninguém poderá invadi-lo, ninguém o empurrará para lugar algum, pois ninguém se atreverá a isso. Você é tão poderoso, centrado em si mesmo, que qualquer pessoa que vier com uma opinião a seu respeito simplesmente se esquecerá dessa opinião ao se aproximar. Qualquer um que tente empurrá-lo para algum lugar simplesmente esquecerá que se aproximou com esse intuito. Ao contrário, só por se aproximar, essa pessoa começará a se sentir dominada por você.

É assim que um único indivíduo pode se tornar tão poderoso que a sociedade inteira, a história inteira, não consegue empurrá-lo um único centímetro. É assim que existe um Buda, um Jesus. Você pode matar um Jesus, mas não empurrá-lo. Pode destruir o corpo dele, mas não pode empurrá-lo um único centímetro. Não que ele seja teimoso; não, simplesmente está centrado em seu próprio ser. Sabe o que é bom e o que é a bem-aventurança para si. Já aconteceu; agora, você não consegue atraí-lo para novas metas; nem o melhor vendedor consegue atraí-lo para qualquer outra meta. Ele encontrou o lar. Pode escutá-lo, paciente, mas não é possível movê-lo. Ele está centrado.

Centrar-se é o primeiro passo para se tornar espontâneo e livre; se não se centrar e for espontâneo e livre, qualquer pessoa poderá levá-lo a qualquer lugar. É por isso que não se permite que as crianças sejam espontâneas e livres; elas não têm maturidade para isso. Se forem espontâneas e livres, correndo para todo lado, desperdiçarão a vida. Por isso, a sociedade cumpre um papel necessário: protege as crianças, cerca-as como uma fortaleza. As crianças precisam disso; são muito vulneráveis, podem ser corrompidas por qualquer um. Estão em meio à multidão, não conseguem achar o caminho; precisam de uma armadura de caráter.

Mas se essa armadura de caráter se tornar sua vida total, você se perde. Você não deve *se tornar* a fortaleza; deve permanecer o mestre e ser capaz de sair dela. Do contrário, não se tratará mais de uma proteção e sim de uma prisão. Você deve ser capaz de sair da armadura de caráter. Deve ser capaz de deixar de lado seus princípios. Deve ser capaz, se a situação exigir, de reagir de maneira absolutamente nova. Se essa capacidade se perder, você se tornará rígido e não conseguirá se soltar mais. Se essa capacidade se perder, você se tornará menos espontâneo e mais inflexível.

Flexibilidade é juventude, rigidez, velhice; quanto mais flexível, mais jovem; quanto mais rígido, mais velho. A morte é rigidez absoluta. A vida é flexibilidade, a liberdade absoluta.

Você precisa se lembrar disso.

Comece do centro

A vida no lado de fora é um ciclone, um constante conflito, um torvelinho, uma luta. Mas é assim só na superfície. Assim como na superfície do oceano estão as ondas, o ruído ensurdecedor, a luta constante. Mas a vida não se resume a isso. No fundo, há também um centro, sem som, silencioso, sem conflito ou luta. No centro, a vida é um fluxo calmo, relaxado, um rio que segue sem luta, sem esforço, sem violência. Você pode se identificar com a superfície, com o exterior. Assim é que vêm a angústia e a ansiedade. É o que acontece com todos: identificam-se com a superfície e com a luta que nela ocorre.

Claro que a superfície é perturbada; não há nada de errado nisso. Mas se você puder se enraizar no centro, a perturbação na superfície se tornará bela; terá uma beleza própria. Se puder ficar em silêncio no interior, todos os sons externos se tornarão musicais. Nada será um problema; tudo se torna uma peça musical. Mas, se você não conhecer a essência interior, o centro silencioso, se se identificar totalmente com a superfície, ficará louco. E quase todas as pessoas são loucas.

Técnicas como ioga, meditação, zen, basicamente o ajudam a restaurar o contato com o centro. São meios de ajudá-lo a se voltar para dentro, esquecer a periferia, deixar a periferia por algum tempo e relaxar em seu próprio ser tão profundamente de modo a fazer o exterior desaparecer e só restar o interior. Após aprender a se voltar para dentro, entrar em si mesmo, isso não é difícil. Mas se você não aprender, se apenas conhecer a mente apegada à superfície, será muito difícil. Relaxar no próprio ser interior não é difícil; desapegar-se da superfície é.

Ouvi certa vez esta história sufi...

Um faquir sufi estava viajando. Era uma noite escura e ele se perdeu. Estava tão escuro que não enxergava os próprios passos. De repente, pisou em falso e não sentiu o chão. Agarrou-se a um galho para não cair, mas ficou apavorado. Não sabia o que havia lá embaixo na escuridão, nem quão fundo era o abismo. Fazia frio naquela noite.

Ele gritou por ajuda, mas só ouviu o eco da própria voz. A noite estava tão fria que as mãos do faquir começaram a congelar. Ele sabia que cedo ou tarde teria de largar o galho, pois estava difícil continuar segurando. Ele já escorregava. A morte, definitivamente, estava próxima; a qualquer momento ele poderia cair e morrer. E, então, chegou o último momento. Imagine o terror. Ele podia morrer a qualquer momento e, de repente, o último momento chegou, e ele sentiu suas mãos soltando o galho. Não havia mais como se segurar, ele tinha de cair. Mas, quando caiu...

Começou a dançar! Não havia abismo algum, estava em terra firme! E sofrera a noite toda...

Essa é a nossa situação. Apegamo-nos à superfície, com medo de sairmos dela e nos perdermos. Na verdade, é quando nos apegamos à superfície que nos perdemos. Mas no fundo há uma escuridão e não vemos o solo; não conseguimos ver nada além da superfície.

Todas as técnicas de meditação visam nos deixar corajosos, fortes, destemidos, de modo a desapegarmos da superfície e mergulharmos dentro de nós mesmos. Aquilo que parece um abismo escuro, sem fundo, é o próprio solo de nosso ser. Quando saímos da superfície, da periferia, nos tornamos centrados.

Centrar-se é o objetivo da meditação. Quando se está centrado, é possível ir para a periferia, mas essa será uma experiência totalmente diferente. A qualidade de sua consciência terá mudado de uma vez por todas. Você poderá ir para a periferia, mas nunca mais *voltará a ser* a periferia; permanecerá no centro. E permanecer centrado enquanto se envolve em atividades na periferia é lindo. Você pode aproveitá-las; será um jogo bonito. Não haverá conflito; será tudo um jogo. O que acontecer na periferia não criará tensões em seu interior, e não haverá angústia ou ansiedade à sua volta.

E sempre que isso se tornar demais, um peso grande demais para os seus ombros, você poderá voltar à fonte original, poderá mergulhar no centro de seu ser. Ficará revigorado, rejuvenescido, e será capaz de retornar à periferia. Quando souber fazer isso, verá que o caminho não é longo. Você não vai a outro lugar que não seja seu próprio eu; por isso, o caminho não é longo, está perto. A única barreira é o seu apego, é o apegar-se à periferia, seu medo de sair dela e se perder.

O medo lhe dá a sensação de que vai morrer. Mover-se para o centro interior é uma morte, de certa maneira. Morte no sentido de que sua identificação com a periferia morrerá e daí brotará um novo sentido de seu ser.

Pare de fazer

Se quisermos dizer com poucas palavras o que são técnicas de meditação podemos afirmar que elas são um relaxamento profundo no próprio ser, um relaxamento total no próprio ser.

Estamos sempre tensos; esse é o nosso apego, nossa amarra. Nunca estamos relaxados, em estado de desapego. Estamos sempre *fazendo* alguma coisa, e esse *fazer* é o problema. Jamais nos encontramos em um estado de não fazer, quando as coisas acontecem e apenas existimos, sem fazer nada. A respiração entra e sai, o sangue circula, o corpo é vivo e pulsante, a brisa sopra, o mundo gira e gira, e você não faz nada; você não é um fazedor. Você simplesmente relaxa e as coisas acontecem.

Quando as coisas acontecem e você não é um fazedor, isso significa que você está totalmente relaxado. Quando é um fazedor e as coisas não acontecem, mas são por você manipuladas, você fica tenso.

Você relaxa parcialmente quando dorme, mas não de maneira total. Mesmo no sono, continua manipulando; mesmo no sono, não deixa tudo acontecer. Observe uma pessoa dormindo e verá que todo o corpo dela está muito tenso. Observe uma criança pequena dormindo: está muito relaxada. Você não relaxa nem no sono; está tenso, lutando, mexendo-se, enfrentando algo. Seu rosto mostra tensões. Nos sonhos, pode estar lutando, protegendo algo ou alguém, fazendo as mesmas coisas que faz em vigília, repetindo-as em um teatro interior. Não está relaxado; não está em um profundo estado de desapego.

É por isso que dormir tem se tornado cada vez mais difícil para as pessoas. E os psicólogos dizem que se a tendência continuar, logo chegará o dia em que ninguém mais conseguirá dormir naturalmente. O sono terá de ser quimicamente induzido, porque ninguém será capaz de adormecer naturalmente. Esse dia não está muito longe. As pessoas já caminham em direção a ele, porque, mesmo durante o sono, só adormecem parcialmente, só relaxam parcialmente.

A meditação é o sono mais profundo. É algo além do relaxamento total; o indivíduo fica totalmente relaxado e, ainda assim, alerta. Tem percepção. Sono total com percepção é meditação. Plenamente alerta, as coisas acontecem, mas você não resiste, não luta, não faz. O fazedor não está presente; o fazedor adormeceu. Só há uma testemunha ali; o alerta de não fazer está ali. E, então, nada pode perturbá-lo.

Se você sabe relaxar, nada pode perturbá-lo. Se você não sabe relaxar, tudo o perturba, *tudo* mesmo. Não é apenas algo em particular que o perturba, tudo é uma desculpa. Você está quase pronto para ser perturbado. Se determinada coisa não o perturbar, outra o fará; você será perturbado. Está pronto para isso, tem uma tendência a ser perturbado. Mesmo que todas as causas sejam removidas, ainda assim, você será perturbado. Criará alguma causa. Se nada vier de fora, você criará algo internamente, seja um pensamento, uma ideia, e será perturbado. Mas precisa de desculpas.

Quando aprender a relaxar, nada poderá perturbá-lo. Não é que o mundo vai mudar, ou que as coisas serão diferentes; o mundo continuará o mesmo. Mas você não terá a tendência, não terá a loucura; não estará constantemente pronto para ser perturbado. E, então, tudo o que acontece à sua volta é tranquilo, inclusive o barulho do trânsito, se você estiver relaxado. O mercado público fica tranquilo. Depende de você. É uma qualidade interior.

Quanto mais você se aproxima do centro, maior é a qualidade do relaxamento; e quanto mais se aproxima da periferia, mais será perturbado. Se tiver uma tendência à perturbação, isso só mostra que você existe perto da periferia, nada mais. É um indício de que estabeleceu residência perto da superfície. É uma residência falsa, porque seu verdadeiro lar é no centro, o próprio centro de seu ser.

Uma técnica de centralização: o coração em paz

Vigyan Bhairav Tantra de Shiva ensina esta técnica:

Em qualquer posição confortável, gradualmente, permeie com muita paz uma área entre as axilas.

É um método muito simples, mas faz milagres, experimente. Qualquer um pode experimentar; não há perigo. A primeira coisa é ficar em uma posição confortável, relaxada. Relaxe em uma posição que seja confortável para *você*. *Não* tente se forçar a uma posição específica. Buda se senta em uma posição específica; para ele, é fácil e confortável. Talvez fique confortável para você também, se praticar por algum tempo, mas, no começo, não será. E não é necessário praticar: comece a partir de qualquer postura que lhe seja fácil no momento. Não se esforce na postura. Pode sentar-se em qualquer poltrona macia e relaxar. O principal é deixar o corpo em um estado de relaxamento.

Feche os olhos e sinta... Sinta o corpo inteiro. Comece pelas pernas; sinta se há tensão nelas ou não. Se sentir que há tensão, aumente a tensão. Se sentir tensão na perna direita, torne-a o mais intensa possível. Leve-a até o pico. Então, de repente, relaxe, para poder sentir como o relaxamento chega. Em seguida, passe pelo corpo todo, procurando tensão em todo lugar. Onde sentir tensão, intensifique-a, pois é mais fácil relaxar quando ela é intensa. Do contrário, é muito difícil, pois você não consegue realmente senti-la. É fácil ir de um extremo a outro, muito fácil, porque o próprio extremo cria a situação para se deslocar para o oposto. Se sentir tensão no rosto, retese todos os músculos faciais o máximo que conseguir, crie tensão e conduza-a a um pico, até um ponto em que seja quase insuportável e, de repente, relaxe. Aja assim até todos os membros e todas as partes do corpo relaxarem.

Dê especial atenção aos músculos faciais porque eles carregam 90% de suas tensões; o resto do corpo só carrega 10%. A maior parte de suas tensões está na mente; portanto, o rosto se torna o depósito para essas tensões. Force o rosto ao máximo, não tenha medo. Deixe-o intensamente angustiado, ansioso e, de repente, relaxe.

Faça essa exploração de tensões no corpo por cinco minutos, para poder sentir que todas as partes do corpo estão relaxadas. Esta é uma postura fácil para você: pode fazê-la sentado ou deitado na cama, ou de qualquer outra maneira que lhe for conveniente. *Em qualquer posição confortável, gradualmente, permeie com muita paz uma área entre as axilas.*

A segunda coisa: quando sentir que o corpo atingiu uma postura fácil, não preste muita atenção a ele. Apenas sinta que está relaxado e, depois, esqueça o corpo. Pois lembrar-se do corpo é uma espécie de tensão. Por isso, digo: não preste atenção ao corpo. Relaxe-o e esqueça-o. Esquecimento é relaxamento. Sempre que lembrar demais, essa própria lembrança traz tensão ao corpo.

Talvez não tenha notado, mas você pode fazer uma experiência muito fácil. Primeiro, sinta o pulso. Depois, feche os olhos, concentre a atenção no pulso por cinco minutos e, então, sinta-o novamente. O pulso estará batendo mais rápido porque a atenção levou tensão a ele. Quando o médico lhe toma o pulso, a medição nunca é correta; ele sempre bate mais rápido que antes do toque do médico. Quando o médico segura sua mão, você fica alerta.

Cada vez que você se torna consciente de qualquer parte do corpo, essa parte fica tensa. Você fica tenso quando uma pessoa o observa; o corpo inteiro fica tenso. Quando está sozinho, é diferente. Quando alguém entra no recinto, você não é o mesmo; o corpo inteiro começa a funcionar em um ritmo mais rápido. Você ficou tenso. Por isso, não se force ao relaxamento, ou ficará obcecado com ele. Por cinco minutos, simplesmente relaxe e esqueça. Esse esquecimento será útil e trará um relaxamento profundo ao corpo.

... gradualmente, permeie com muita paz uma área entre as axilas.

Feche os olhos e sinta a área entre as duas axilas: a área do coração, o peito. Primeiro, sinta essa área com atenção total, percepção total. Esqueça o resto do corpo, observe apenas a área do coração entre uma axila e outra, o peito, e sinta-a encher-se de uma grande paz.

No momento em que o corpo relaxa, a paz automaticamente acontece no coração. O coração se torna silencioso, relaxado, harmonioso. E quando você esquece o resto do corpo e leva a atenção apenas para o peito, e conscientemente percebe que ele se enche de paz, sente também, de imediato, uma grande paz.

Há certas áreas no corpo, centros específicos, em que determinados sentimentos podem ser criados conscientemente. No espaço entre as duas axilas se encontra o centro do coração; e o centro do coração é a fonte de toda a paz que acontece com você, sempre que ela vier. Todas as vezes que você está em paz, essa paz vem do coração. O coração irradia paz. É por isso que as pessoas, em todas as partes do mundo, todos os povos, sem distinção de religião, país ou cultura, sentem que o amor vem de algum lugar perto do coração. Não há explicação científica. Quando se pensa em amor, se pensa no coração. Na realidade, quando você ama, também está relaxado, porque é um relaxamento repleto de paz. Essa paz vem do coração.

Assim, paz e amor se juntaram, se associaram. Quando ama, você está em paz; quando não ama, está perturbado. Por causa da paz, o coração se associou ao amor.

Portanto, você pode fazer duas coisas. Pode procurar o amor e, às vezes, sentirá paz. Mas esse caminho é perigoso, porque a pessoa que você ama se tornou muito importante para você. E o outro é o *outro*; e você está, de certa forma, se tornando dependente. Assim, o amor, algumas vezes, lhe dará paz, mas nem sempre. Haverá muitas perturbações, muitos momentos de angústia e ansiedade, porque o outro entrou em seu mundo. Sempre que outra pessoa entra, há alguma perturbação, porque você só pode se encontrar com o outro na superfície, e a superfície será perturbada. Você só se sentirá relaxado e com o coração iluminado de paz quando os dois estiverem em um amor profundo, sem conflito.

O amor, enfim, pode lhe dar vislumbres de paz, mas nada é estabelecido, enraizado. Não é possível uma paz eterna pelo amor, apenas vislumbres. E entre dois vislumbres haverá vales de conflito, violência, ódio e raiva.

Outro modo é encontrar paz não pelo amor, mas diretamente. Se puder encontrar paz diretamente — e este é o método para isso —, sua vida se tornará repleta de amor. Mas a qualidade desse amor será diferente. Não será possessivo; não será centrado em uma pessoa. Não será dependente e não tornará ninguém dependente de você. Seu amor se tornará apenas amabilidade, compaixão, profunda empatia. E então, ninguém, nem mesmo um amante, pode perturbá-lo, porque sua paz já tem raízes dentro de você; e seu amor se torna uma sombra de sua paz interior. E tudo sofre uma reviravolta.

Buda ama, mas o amor dele não envolve angústia. Se você amar, sofrerá, e se não amar, sofrerá. Se não amar, você sofrerá a ausência do amor; se amar, sofrerá a presença do amor. Você está na superfície, e tudo o que fizer só lhe dará satisfação momentânea. Logo depois, reaparece o vale da sombra.

Primeiro, estabeleça-se em sua própria paz. Assim, você se tornará independente, o amor não será sua necessidade, você não se sentirá aprisionado, como fica no amor; nunca sentirá que o amor se tornou uma espécie de dependência, escravidão, compromisso. O amor será, então, apenas uma doação: você terá tanta paz que desejará partilhá-la. Será uma doação, sem ideia de retorno; será incondicional. E um dos segredos é que, quanto mais você dá, mais recebe em retorno. Quanto mais você se entrega e se doa, se torna cada vez mais independente. Quanto mais se aprofunda no tesouro, que é infinito, mais pode dá-lo a todo mundo. Ele é inexaurível.

Mas o amor deve acontecer como uma sombra da paz interior. Normalmente, é o inverso que ocorre: a paz se torna apenas uma sombra do amor. Quando o amor acontece como uma sombra da paz, ele é lindo. Do contrário, o amor cria feiúra, torna-se uma doença, uma febre.

... *permeie com muita paz uma área entre as axilas.*

Torne-se consciente da área entre as axilas e sinta que está repleta de uma grande paz. Apenas sinta a paz ali e perceberá que a área está repleta. Está sempre repleta, mas você nunca se deu conta. Isso é para aumentar seu alerta, para levá-lo para mais perto de casa. E quando você sentir essa paz, estará mais distante da superfície. Não que as coisas não estejam acontecendo lá, mas quando você faz essa experiência e está repleto de paz, fica distante da superfície. Vem barulho da rua, mas, agora, há uma grande distância. Acontece, mas não traz perturbação; pelo contrário, traz um silêncio mais profundo.

Esse é o milagre. As crianças estão brincando, alguém está ouvindo música no rádio, há pessoas brigando e o mundo inteiro se move ao seu redor, mas você sente uma grande distância entre você e todo o restante. Essa distância surge porque você se retirou da periferia. As coisas acontecem na periferia, e parecem estar se passando em outro lugar. Você não está envolvido. Nada o perturba; portanto, não está envolvido, transcendeu. Isso é transcendência.

A fonte de paz se localiza, naturalmente, no coração. Você não está criando nada. Está simplesmente chegando a uma fonte que sempre existiu ali. Essa imagem vai ajudá-lo a se tornar ciente de que o coração está cheio de paz e que não é a imagem que cria a paz. Essa é a diferença entre a atitude oriental e a hipnose ocidental. Os hipnotizadores pensam que você está criando em sua imaginação, mas o místico oriental sabe que está simplesmente sintonizado com algo que já existe lá.

Tudo o que você cria pela imaginação não pode ser permanente: não é uma realidade, é falso, irreal, você está criando apenas uma alucinação. É melhor ser perturbado e real que ter uma alucinação de paz, porque não é crescimento. Você, simplesmente, se intoxica com ela. Mais cedo ou mais tarde, terá de sair dela, porque, mais cedo ou mais tarde, a realidade desmanchará a ilusão. A realidade deve desmanchar todas as ilusões; só a realidade, que é maior, não pode ser desmanchada.

Uma realidade maior desmanchará a realidade que existe na periferia; daí Shankara e outros filósofos orientais dizerem que o mundo é uma ilusão. Não que o mundo seja uma ilusão, mas esses filósofos conheceram uma realidade superior; e de uma altitude que faz o mundo parecer um sonho. Está tão distante, a distância é tão infinita, que não pode ser sentida como real. O barulho na rua será como se você estivesse apenas sonhando com ele, não é real. Não pode fazer nada com você. Apenas acontece, e passa, e você permanece intocado. E quando você não é tocado pela realidade, como pode sentir que ela é real? A realidade só é sentida quando penetra você profundamente. Quanto mais profunda a realidade, mais você a sente como real.

Shankara diz que o mundo inteiro é irreal. Ele deve ter chegado a um ponto em que a distância era tão vasta, tão tremendamente vasta, que tudo fora dela era como um sonho. O mundo existia ao redor dele, mas parecia irreal, porque não podia penetrá-lo. A penetração é a medida da realidade. Se jogo uma pedra em você, ela o machuca. Esse ferimento o penetra, e essa penetração torna a pedra real. Se jogo uma pedra e ela o toca, mas não penetra, no fundo, você ouvirá o baque da pedra contra você, mas não haverá perturbação. Sentirá que ela é falsa, irreal, ilusória.

Mas você está tão próximo da periferia que se eu lhe atirar uma pedra, ficará ferido. Não estou falando do corpo; o corpo sempre ficará ferido. Se eu jogar uma pedra em Buda, o corpo dele ficará ferido, como o de qualquer outro. Mas Buda não está na periferia, está enraizado no centro. E a distância é tão grande que ele ouvirá o baque da pedra sem se ferir. O ser permanecerá intocado, intacto. Esse ser intacto sentirá a pedra como algo atirado em um sonho. Por isso, Buda diz que nada tem substância, tudo é "sem substância". O mundo é vazio de substância, o que se relaciona com a noção de Shankara de que o mundo é ilusório.

Experimente. Sempre que puder sentir a paz na área entre as axilas preenchê-lo, permear seu centro do coração, o mundo parecerá ilusório. Este é um sinal de que você entrou em meditação: quando o mundo parece ilusório e dá a sensação de ser ilusório. Não *pense* que o mundo é ilusório, não é necessário — você *sentirá*. É algo que irá lhe ocorrer de repente. "O que aconteceu com o mundo?" De repente, o mundo parece um sonho. Está lá, uma existência onírica sem qualquer substância. Parece tão real quanto um filme em uma tela. Pode até ser tridimensional. Parece algo, mas é uma projeção.

Não que o mundo seja de fato algo projetado; não que seja mesmo irreal, não se trata disso. O mundo é real, mas você pode criar uma distância; e a distância fica cada vez maior. E você entende se a distância aumenta ou não se souber como se sente em relação ao mundo. Esse é o critério. Esse é o critério meditativo. Não é uma verdade que o mundo seja irreal, mas, se o mundo se torna irreal para você, é porque você está centrado em seu ser. Agora, a distância entre você e a superfície é tão grande que ela parece algo objetivo, algo alheio. Não há identificação.

Essa técnica é muito fácil e não leva tempo. Às vezes, parece que, na primeira tentativa, as pessoas sentem a beleza e o milagre dela. Experimente. Mas se não sentir nada na primeira tentativa, não se decepcione. Espere. E vá tentando. É tão fácil que você poderá tentar a qualquer momento. Pode fazê-la deitado na cama, à noite; pode fazê-la de manhã, logo que acordar. Faça-a primeiro e depois levante-se. Até mesmo dez minutos serão suficientes. Faça-a por dez minutos à noite, pouco antes de dormir. Torne o mundo irreal e seu sono será tão profundo que talvez seja uma experiência totalmente nova para você. Se o mundo se tornar irreal pouco antes de você adormecer, sonhará menos, porque, se o mundo se tornou um sonho, então, os sonhos não podem continuar. E se o mundo é irreal, você está totalmente relaxado, porque a realidade do mundo não lhe será imposta, não vai atormentá-lo.

Essa técnica é boa para as pessoas que sofrem de insônia. Ajuda muito. Se o mundo é irreal, as tensões se dissolvem. Se você consegue se afastar da periferia, adentra um estado de sono profundo. Antes que o sono chegue, você já está mergulhado nele. E, assim, pela manhã, é bonito, porque você está renovado, jovem; toda a sua energia vibra. É porque está voltando à periferia desde o centro.

Quando ficar alerta e já sem sono, não abra os olhos. Faça, primeiro, esse experimento, por dez minutos; depois, abra os olhos. O corpo estará relaxado após a noite inteira e você se sentirá renovado e vivo. Você já está relaxado; então, não levará muito tempo. Apenas relaxe. Concentre sua consciência no coração, na área entre as axilas: sinta o coração encher-se de uma paz profunda. Por dez minutos, permaneça nessa paz. Depois, abra os olhos.

O mundo parecerá totalmente diferente, porque essa paz também será irradiada de seus olhos. E você se sentirá diferente o dia todo. Não só se sentirá diferente, mas também sentirá que as pessoas estão se comportando de um modo diferente com você.

Para cada relacionamento você contribui com alguma coisa. Se sua contribuição muda, as pessoas se comportam de modo diferente, porque sentem que você é outra pessoa. Podem não ter consciência disso, mas quando você está repleto de paz, todos se comportam de maneira diferente com você. Tornam-se mais amorosos e mais gentis, menos resistentes, mais abertos, mais próximos. Há um ímã. A paz é o ímã.

Quando você está em paz, as pessoas se aproximam. Quando está perturbado, todos se afastam. E esse é um fenômeno tão físico que pode ser facilmente observado. Quando você está em paz, sente que todos querem se aproximar, porque sua paz irradia, torna-se uma vibração à sua volta. Círculos de paz se movem à sua volta, e quem se aproxima quer ficar ainda mais perto de você, como se quisessem se colocar à sombra de uma árvore e, assim, relaxar.

Uma pessoa com paz interior tem uma sombra à sua volta. Para onde quer que vá, todos querem se aproximar, de maneira mais aberta e confiando no outro. Uma pessoa com um turbilhão interior, em conflito, angústia, ansiedade e tensões, afasta os outros. Quem se aproxima fica com medo; essa pessoa é perigosa. Ficar perto dela é perigoso.

Você dá tudo de si, vive se doando. Você pode até querer amar alguém, mas, se estiver perturbado em seu interior, até mesmo a pessoa amada será repelida; desejará fugir, porque você lhe suga a energia, e ela não se sente feliz em sua presença. E quando você vai embora, a pessoa amada se sente cansada, exausta, porque você não tem uma fonte doadora de vida; tem, dentro de si, uma energia destrutiva.

Portanto, não só você se sentirá diferente, mas os outros também sentirão que você está diferente.

Todo o seu estilo de vida pode mudar se você se aproximar um pouco mais do centro, assim como mudarão suas visões e todo o resultado de suas atividades. Se você está em paz, o mundo inteiro fica em paz, com relação a você. É apenas um reflexo. Tudo o que você é reflete-se à sua volta. Todas as pessoas se tornam um espelho.

A história dele / a história dela

Um dos mais estranhos fenômenos é que há milhares de anos homens e mulheres convivem e, no entanto, são estranhos. Têm filhos, mas continuam sendo estranhos. A abordagem feminina e a abordagem masculina são tão opostas que, a menos que se faça um esforço consciente, a menos que esse esforço consciente se torne a própria meditação, não há esperança de uma vida em paz.

Um de meus mais profundos interesses é fazer com que amor e meditação se envolvam de tal modo que cada caso de amor se torne automaticamente uma parceria em meditação, e que cada meditação torne a pessoa tão consciente que ela não precisará se apaixonar, poderá ascender no amor. É possível encontrar um amigo conscientemente, deliberadamente.

Seu amor se aprofundará à medida que a meditação se aprofundar e vice-versa: quando a meditação desabrocha, desabrocha também o amor. Mas em um nível totalmente diferente.

Com seu marido, você não está ligada em meditação. Nunca se senta em silêncio por uma hora junto a ele apenas para os dois sentirem a consciência um do outro. Ou estão brigando ou fazendo amor, mas, em ambos os casos, a relação é com o corpo, a parte física, biológica, hormonal. A relação não é com a essência mais profunda de cada um. Suas almas permanecem separadas.

Nos templos, e nas igrejas e nas cortes, só os corpos se casam. As almas estão a quilômetros de distância. Enquanto você faz amor com seu(sua) parceiro(a), mesmo nesses momentos, nenhum dos dois está presente. Talvez ele esteja pensando em Cleópatra, Helena de Troia, alguma estrela de cinema. A mulher também está pensando em outro. Talvez por isso toda mulher mantenha os olhos fechados, para não ver o rosto do marido, não ser perturbada. Está pensando em Alexandre, o Grande, Ivan, o Terrível, e ao olhar para o marido tudo desmorona. Ele parece um rato.

Mesmo naqueles lindos momentos, que deveriam ser sagrados, meditativos, de profundo silêncio... Mesmo neles você não está sozinho com a pessoa amada. Há uma multidão. Sua mente pensa em outra pessoa, a mente de sua esposa pensa em outra pessoa. O que você faz, então, é apenas robotizado, mecânico. Alguma força biológica os escraviza; e você chama isso de amor.

Ouvi dizer que um dia, bem cedo, um bêbado na praia viu um homem fazendo flexões. O bêbado se aproximou, olhou com bastante atenção aqui e ali e, por fim, disse:

— Não devo interferir em uma situação tão íntima, mas tenho que lhe dizer que sua namorada se foi. Não se exercite desnecessariamente. Primeiro, levante-se e descubra onde ela está!

Essa parece ser a situação. Quando você faz amor, sua mulher está presente? Seu marido está presente? Ou você está apenas participando de um ritual, algo que deve ser feito, apenas um dever a cumprir?

Se quiser um relacionamento harmonioso com seu(sua) parceiro(a), você precisará aprender a ser mais meditativo. O amor sozinho não basta. O amor sozinho é cego; a meditação lhe dá olhos. A meditação lhe dá a compreensão. E quando seu amor é tanto amor quanto meditação, você e a pessoa amada se tornam colegas de viagem. Não é mais um relacionamento comum entre duas pessoas. Torna-se amizade no caminho, em direção à descoberta dos mistérios da vida.

O homem sozinho e a mulher sozinha considerarão a jornada muito tediosa e muito longa, como já a consideraram no passado. Vendo esse conflito contínuo, todas as religiões decidiram que quem desejasse seguir o caminho espiritual deveria renunciar a esse tipo de relacionamento. Os monges deveriam ser celibatários, as freiras deveriam ser celibatárias. Mas, em 5 mil anos, quantos monges e quantas freiras se tornaram almas realizadas? Não há nomes suficientes para contar em dez dedos. E há milhões de monges, monjas e freiras de todas as religiões: budistas, hindus, cristãos, muçulmanos. O que aconteceu?

O caminho não é tão longo! A meta não está tão longe! Mas, mesmo que você queira ir à casa de seu vizinho, precisará das duas pernas. Aonde chegará pulando em uma perna só?

Homens e mulheres, juntos, em profunda amizade, em um relacionamento amoroso e meditativo, como um todo orgânico, podem alcançar a meta sempre que quiserem. Porque a meta não está fora de você; ela é o centro do ciclone, é a parte mais profunda de seu ser. Mas você só a encontrará se estiver inteiro, e não pode estar inteiro sem o outro.

Homem e mulher são duas partes de um todo.

Então, em vez de perder tempo brigando, tentem se entender. Tentem se colocar um no lugar do outro; tente ver como um homem vê, tente ver como uma mulher vê. E quatro olhos são sempre melhores que dois, pois fornecem uma visão completa; as quatro direções se tornam disponíveis.

Mas é preciso lembrar: sem meditação, o amor está destinado a acabar; não há chance de dar certo. Você pode fingir que engana os outros, mas não pode enganar a si mesmo. No fundo, sabe que todas as promessas que o amor lhe fez não foram cumpridas.

Só com meditação o amor começa a assumir novas cores, nova música, novas canções, novas danças, porque a meditação lhe possibilita compreender o polo oposto e, nessa compreensão, o conflito desaparece.

Todo conflito no mundo surge por causa dos mal-entendidos. Você diz uma coisa, sua esposa entende outra. Sua esposa diz uma coisa, você entende outra.

Já vi casais que vivem juntos há trinta ou quarenta anos; mesmo assim, ainda parecem tão imaturos como no primeiro dia. Ainda a mesma queixa: "Ela não me entende." Quarenta anos juntos e você não descobriu um meio de fazer sua esposa entender exatamente o que você diz, ou de compreender exatamente o que ela diz.

Penso que não existe a possibilidade de isso acontecer a não ser por meio da meditação, pois a meditação lhe dá as qualidades do silêncio, da percepção, de ouvir com paciência; uma capacidade de se colocar na posição do outro.

As coisas não são impossíveis, mas você não experimentou o medicamento certo.

Gostaria de lembrá-lo que a palavra *medicamento* vem da mesma raiz que *meditação*. O medicamento cura o corpo; a meditação, cura a alma. O medicamento cura sua parte material; a meditação, cura sua parte espiritual.

As pessoas vivem juntas e seus espíritos estão cheios de feridas; por isso, as pequenas coisas magoam muito.

Mulla Nasruddin me perguntou:

— O que devo fazer? Qualquer coisa que digo não é interpretada corretamente e logo surgem problemas.

— Tente fazer o seguinte: sente-se em silêncio e não diga nada — respondi.

No dia seguinte, ele estava ainda mais desesperado.

— O que aconteceu?

— Não devia ter pedido seu conselho. Todos os dias discutíamos e brigávamos, mas era apenas verbal. Ontem, por causa de seu conselho, apanhei — respondeu ele.

— O que aconteceu?

— Fiquei sentado em silêncio. Ela me fez um monte de perguntas, mas eu estava decidido a não falar. Ela disse: "Então, não vai falar?" Continuei em silêncio. Aí ela começou a me bater com coisas! E ficou muito zangada. Disse: "As coisas só pioram. Pelo menos, antes conversávamos; agora, nem sequer trocamos uma palavra!"

— Isso é muito ruim.

— Ruim? Toda a vizinhança se reuniu e começou a perguntar: "O que aconteceu? Por que você não está falando?" E alguém sugeriu: "Parece que ele está possuído por um espírito maligno."

"Pensei, meu Deus, agora vão me levar a algum idiota que vai me surrar e tentar expulsar o espírito maligno de mim. Eu disse: 'Esperem! Não estou possuído por nenhum espírito maligno. Simplesmente, não estou falando porque qualquer coisa que digo desencadeia uma briga. Digo algo, ela diz outra coisa, aí, tenho que dizer outra, e ninguém sabe onde vai terminar.' Eu simplesmente estava meditando em silêncio, sem fazer mal a ninguém — e, de repente, toda a vizinhança estava contra mim!"

As pessoas vivem sem a menor compreensão. Por isso, tudo o que fazem termina em desastre.

Se você ama um homem, a meditação será o melhor presente que pode lhe dar. Se você ama uma mulher, um anel de diamante não é nada; a meditação será um presente muito mais precioso. E transformará sua vida em pura alegria.

Somos potencialmente capazes de alegria pura, mas não sabemos administrá-la. Sozinhos, somos muito tristes. Juntos, vira um inferno! Até mesmo um indivíduo como Jean-Paul Sartre, homem de grande inteligência, diz que o outro é o inferno, que ficar sozinho é melhor, que você não pode com o outro. Sartre se tornou tão pessimista que afirmava ser impossível se dar bem com o outro, o outro, é o inferno. No geral, ele está certo.

Com a meditação, o outro se torna seu paraíso. Mas Jean-Paul Sartre não tinha a menor ideia da meditação. Esse é o mistério das pessoas do Ocidente. As pessoas do Ocidente perdem o florescer da vida porque nada sabem a respeito de meditação; e as pessoas do Oriente o perdem também, por nada saberem do amor.

E para mim, assim como homem e mulher são metades de um todo, também o são a meditação e o amor. A meditação é o homem; o amor, é a mulher. No encontro de meditação e amor ocorre o encontro de homem e mulher. E nesse encontro podemos criar o ser humano transcendental, que não é homem nem mulher.

Se não criarmos o ser humano transcendental na Terra, não haverá muita esperança.

Fazer amor como forma de meditação

O tantra sempre foi malcompreendido. Não pode ser compreendido por pessoas comuns; elas, certamente, irão interpretá-lo de maneira errada. O tantra é uma forma de prece, nada tem a ver com sexo. O próprio ato de fazer amor nada tem a ver com sexo. Quando se torna uma meditação, uma prece — dissolver, encontrar, mesclar as energias em uma disposição para

rezar —, não é sequer apenas divertimento ou brincadeira; é uma devoção.
Esta é uma técnica tântrica para fazer amor como forma de meditação.

Enquanto estiver sendo acariciado, entre no carinho como na vida eterna.

Essa técnica tem a ver com o amor, porque o amor é a experiência mais próxima de estar relaxado. Se não conseguir amar, é impossível relaxar. Se conseguir relaxar, sua vida se tornará uma vida de amor.

Uma pessoa tensa não consegue amar. Por quê? Uma pessoa tensa sempre vive com propósitos. Uma pessoa tensa pode ganhar dinheiro, mas não pode amar, porque o amor é sem propósito. O amor não é um bem comerciável. Você não pode acumulá-lo; não pode criar um saldo bancário dele; não pode fortalecer o ego a partir dele. O amor é realmente o ato mais absurdo, sem um significado oculto, sem um propósito por trás. Existe para si, não para qualquer outra coisa.

Você ganha dinheiro *para* alguma coisa, é um meio. Constrói uma casa para alguém morar nela, é um meio. O amor não é um meio. Por que você ama? Para que ama? O amor é um fim em si. Por isso, uma mente calculista, lógica, uma mente que pensa em termos de propósito, não consegue amar. E a mente que sempre pensa em termos de propósito ficará tensa, porque o propósito só pode ser realizado no futuro, nunca aqui e agora. Você está construindo uma casa e não pode morar nela agora, terá de construí-la primeiro. Pode morar nela no futuro, não agora. Você ganha dinheiro e o saldo bancário será criado no futuro, não agora. Os meios estão no presente, mas os fins virão no futuro.

O amor está sempre aqui; não há futuro para ele. Por isso, o amor está tão perto da meditação. Por isso a morte também está perto da meditação, porque a morte está sempre aqui e agora; ela nunca pode acontecer no futuro. Você pode morrer no futuro? Só se morre no presente. Ninguém jamais morreu no futuro. Como é possível morrer no futuro? Ou como é possível morrer no passado? O passado já foi, não existe mais; portanto, não se pode morrer nele. A morte sempre ocorre no presente. Morte, amor, meditação. Todos ocorrem no presente. Por isso, se você tem medo da morte, não pode amar. Se tem medo do amor, não pode meditar. Se tem medo da meditação, sua vida será inútil. Inútil não no sentido de um propósito, mas no sentido de que você nunca será capaz de sentir bem-aventurança na vida. Ela será fútil.

Parece estranho associar os três: amor, meditação, morte. Mas não é. Trata-se de experiências semelhantes. Portanto, se você entra em um, pode entrar nos outros dois.

Essa técnica tem a ver com o amor, afirmando: *Enquanto estiver sendo acariciado, entre no carinho como na vida eterna.* O que significa? Muitas coisas! Uma: enquanto você está sendo amado, o passado acaba, o futuro não existe. Você entra na dimensão do presente. Entra no *agora*.

Já amou alguém? Se já, sabe que a mente se ausenta. Por isso, os sábios dizem que os amantes são cegos, loucos, insanos. No fundo, no fundo, estão certos. Os amantes *são* cegos porque não têm olhos para o futuro, para calcular o que vão fazer. São cegos; não podem ver o passado. O que acontece com os amantes? Vivem no aqui e agora sem considerar passado ou futuro, sem considerar as consequências. Por isso, são chamados de cegos, e, de fato, o são. Para aqueles que são racionais, eles são cegos; e para aqueles que não vivem fazendo cálculos, eles são videntes. Os que não vivem fazendo cálculos veem o amor como a visão real, verdadeira.

Assim, a primeira coisa é que passado e futuro não existem mais no momento do amor. É preciso, então, compreender um ponto delicado. Quando não há passado e futuro, pode-se chamar esse momento de presente? O presente só existe entre os dois, entre passado e futuro. Ele é relativo. Se não há passado e futuro, o que significa falar do presente? Não faz sentido. Por isso Shiva não usa a palavra *presente*. Ele diz *vida eterna*. Quer dizer eternidade, você entra na eternidade.

Dividimos o tempo em três partes: passado, presente, futuro. Essa divisão é falsa, absolutamente falsa. O tempo é, na verdade, passado e futuro. O presente não é parte do tempo. O presente é parte da eternidade. Aquilo que passou é o tempo; o que virá é o tempo. Aquilo que existe agora não é o tempo, porque nunca passa, está sempre aqui. O agora está aqui. Está sempre aqui! Esse agora é eterno.

Se você sai do passado, não entra no presente. Do passado, você sempre entra no futuro; nunca chega um momento que seja o presente. Do presente, você nunca pode entrar no futuro. Do presente, você se aprofunda cada vez mais no presente e mais presente. Isso é vida eterna.

Podemos colocar desta maneira: do passado para o futuro é tempo. O tempo significa que nos movemos em um plano, em uma linha reta. Ou podemos chamá-la de horizontal. No momento em que você está no presente, a dimensão muda: você se move verticalmente, para cima ou para baixo, em direção às alturas ou às profundezas. Mas nunca horizontalmente. Buda e Shiva vivem na eternidade, não no tempo.

Perguntaram a Jesus:

— O que acontecerá em seu Reino de Deus?

O homem que fez a pergunta não se referia ao tempo. Perguntava sobre o que aconteceria com os seus desejos, como eles seriam realizados. Perguntava se existiria a vida eterna ou se existiria a morte; se haveria amargura; se haveria pessoas inferiores e superiores. Quando disse "O que acontecerá em seu Reino de Deus?" perguntava sobre as coisas deste mundo. E a resposta de Jesus é como a de um monge zen:

— Não haverá mais o tempo.

O homem que recebeu essa resposta pode não ter compreendido o que significa "Não haverá mais o tempo", porque o tempo é horizontal e o Reino de Deus é vertical; é eterno. Está sempre aqui! Basta sairmos do tempo para entrarmos nele.

Portanto, o amor é a primeira porta. Por ela você pode sair do tempo. Por isso, todos querem ser amados, todos querem amar. E ninguém sabe por que tanta importância é dada ao amor, por que existe tamanho anseio pelo amor. A menos que você saiba isso, não poderá amar nem ser amado, porque o amor é um dos fenômenos mais profundos nesta Terra.

Vivemos pensando que todas as pessoas são igualmente capazes de amar. Não é verdade, não é bem assim. Por isso, nos frustramos. O amor é uma dimensão diferente, e se você tenta amar alguém no tempo, seu esforço será em vão. No tempo, o amor não é possível.

Olho à minha frente e há uma parede. Viro os olhos e vejo o céu. Quando você olha no tempo, há sempre uma parede. Quando você olha além do tempo, há o céu aberto, infinito. O amor abre a infinidade, a eternidade da existência. Assim, realmente, se você nunca amou, o amor pode ser uma técnica de meditação. Esta é a técnica: enquanto for amado, entre no amor como na vida eterna.

Não seja um amante apático, apenas de corpo presente. Torne-se amoroso e entre na eternidade. Quando ama alguém, você está ali como amante? Se estiver, está também no tempo, e o amor é falso. Se ainda estiver ali e disser "Eu sou", então, talvez esteja fisicamente presente, mas, espiritualmente, os dois são polos separados.

Durante o amor, *você* não deve ser; só o amor, só a amabilidade devem ser. Torne-se amor. Ao acariciar a pessoa amada, torne-se o próprio carinho. Enquanto beija, não seja aquele que beija ou é beijado, seja o beijo. Esqueça completamente o beijo, dissolva-se no ato. Entre no ato tão profundamente de modo que o agente não mais exista. E se não conseguir entrar no amor, será difícil entrar no ato de comer ou andar; muito difícil, porque o amor é o método mais fácil para dissolver o ego. É por isso que os egoístas não conseguem amar. Podem falar a respeito, podem cantar a respeito, podem escrever a respeito, mas não conseguem amar. O ego não consegue amar.

Torne-se amor. Quando abraçar, seja o abraço, seja o beijo. Esqueça-se de si próprio totalmente até poder dizer: "Não sou mais. Só o amor existe." E, então, o coração não baterá, mas será o amor a bater. O sangue não circulará, será o amor a circular. E os olhos não mais verão, será o amor que vê. O toque não será mais das mãos, será do amor.

Torne-se amor e entre na vida eterna. O amor subitamente muda sua dimensão. Você é removido do tempo e encara a eternidade. O amor pode se tornar uma meditação profunda, a mais profunda possível. Os amantes às vezes conhecem o que nem os santos conhecem. E os amantes tocam o centro que muitos iogues não encontram. Mas será apenas um vislumbre, a menos que você transforme seu amor em meditação. E agora você entende por que o tantra fala tanto de amor e sexo. Por quê? Porque o amor é a porta natural mais fácil pela qual você consegue transcender este mundo, esta dimensão horizontal.

Veja as imagens do Oriente do Senhor Shiva com sua consorte, Devi. Olhe para eles! Não parecem dois, são um. A unicidade é tão profunda que até se tornou um símbolo. Todos já vimos o *shivalinga*. O órgão sexual de Shiva é um símbolo fálico, mas não está sozinho, está acompanhado da vagina de Devi. Os antigos hindus eram muito ousados. Hoje, quando vemos um *shivalinga* nem lembramos que é um símbolo fálico. Esquecemos; tentamos esquecer isso completamente.

Carl Jung relembra, em sua autobiografia, em suas memórias, um incidente muito bonito e engraçado. Ele foi à Índia e conheceu Konark. No templo de Konark há muitos, muitos *shivalingas*, muitos símbolos fálicos. O pândita que o acompanhava explicou tudo, menos os *shivalingas*. E havia tantos que era difícil fugir deles. Jung compreendia a situação, mas só para brincar com o homem, perguntou várias vezes:

— O que são eles?

O pândita, por fim, sussurrou em seu ouvido:

— Não me pergunte aqui. Eu lhe direi, mais tarde. É algo íntimo.

Jung provavelmente deu risadas internas. Os hindus de hoje são assim. Depois, fora do templo, o pândita se aproximou e disse:

— Não foi bom você me perguntar na frente dos outros. Agora posso lhe dizer. É um segredo. — E, novamente, sussurrando-lhe no ouvido: — São nossas partes íntimas.

Quando Jung voltou para a Europa, conheceu um grande estudioso, um estudioso de pensamento, mitologia e filosofia orientais, Heinrich Zimmer, e contou a ele o episódio. Zimmer foi uma das mentes mais iluminadas que tentou penetrar no pensamento indiano, e amava a Índia e seus modos de pensar; amava a abordagem oriental, não lógica, mística da vida. Quando ouviu o caso de Jung, riu e disse:

— Isso causa uma mudança. Sempre ouvi falar de grandiosos indianos, Buda, Krishna, Mahavir. O que você me conta não ilustra os grandiosos, mas sim os indianos.

O amor é o grande portão. E para o tantra o sexo não é condenável. Para o tantra, o sexo é a semente, e o amor, é o florescimento dela; e se você condena a semente, condena a flor. Sexo pode se tornar amor. Se ele nunca se tornar amor, é debilitado. Condene o fato de ele ser debilitado, não o sexo em si. O amor deve florescer, o sexo deve se tornar amor. Se isso não acontecer, a culpa não é dele, mas sua.

Sexo não deve ser apenas sexo; esse é o ensinamento tântrico. Deve ser transformado em amor. E o amor também não deve permanecer amor. Deve ser transformado em luz, em experiência meditativa, no último, supremo pico místico. Como transformar o amor? Seja o ato e esqueça o agente. Enquanto ama, seja o amor, simplesmente ame. Não será, então, seu amor ou meu amor, ou de qualquer outro, mas simplesmente amor. Quando você não está ali, quando está nas mãos da fonte ou corrente suprema, quando você está no amor, não é mais você quem está amando. Quando o amor o absorve, você desaparece; você se torna uma energia fluídica.

D. H. Lawrence, uma das mentes mais criativas de todos os tempos, era, intencionalmente ou não, um adepto do tantra. Foi completamente condenado no Ocidente e seus livros foram proibidos. Por causa de suas palavras, foi diversas vezes levado aos tribunais: "A energia do sexo é apenas energia; e se a condenarmos e reprimirmos estaremos contra o universo. Nunca seremos capazes de conhecer o florescimento maior dessa energia. E quando ela é suprimida, torna-se feia. Esse é o círculo vicioso."

Sacerdotes, moralistas e outros indivíduos assim chamados de religiosos vivem condenando o sexo. Dizem que é algo feio. E quando é reprimido, de fato se torna feio. Então, dizem eles: "Veja! O que dissemos é verdade. Acabou de ser provado. Veja! O que você está fazendo é feio, e você sabe que é." Mas feio não é o sexo, feios são esses sacerdotes, que o tornaram feio. Depois de o tornarem feio, provam que estão certos. E quando provam estarem certos, ele acaba ficando cada vez mais feio.

Sexo é uma energia inocente. A vida fluindo em você, a existência viva em você. Não o debilite! Deixe-o alcançar as alturas. É isto: o sexo deve se tornar amor. Qual é a diferença? Quando sua mente é sexual, você explora o outro; o outro é apenas um instrumento para ser usado e descartado. Quando o sexo se torna amor, o outro não é um instrumento, o outro não é explorado; o outro não é realmente o outro. Quando você ama, não é centrado em si mesmo. Pelo contrário, o outro se torna significativo, único.

Você já não está explorando o outro, não! Pelo contrário, você e o outro se unem em uma experiência profunda. São parceiros em uma experiência profunda, não há explorador e explorado. Estão se ajudando a entrar em um mundo diferente de amor. Sexo é exploração. Amor é entrar juntos em um mundo diferente.

Se esse movimento não for momentâneo e se tornar meditativo — ou seja, se você conseguir se esquecer de si mesmo completamente e o amante e o amado desaparecerem, e houver apenas o fluxo do amor —, então, segundo o tantra, a vida eterna é sua.

PARTE 4

Meditações para a vida diária

Uma das mentiras contadas no passado era: você medita por vinte minutos, ou medita três vezes por dia, ou medita cinco vezes por dia, a ideia básica era a de se dedicar à meditação por alguns minutos diários. Mas o que vai fazer nas 23 horas e quarenta minutos restantes do dia? Sem dúvida, algo antimeditativo. Naturalmente, tudo o que ganhou nos vinte minutos será perdido no resto do dia.

Quero que você veja a meditação de um ponto de vista totalmente diferente. Pode aprender meditação por vinte ou quarenta minutos, aprender é uma coisa, mas precisa praticar o que aprendeu no dia a dia. A meditação tem de ser como as batidas de seu coração.

Natural e fácil

Sempre que encontrar tempo, relaxe o sistema respiratório por apenas alguns minutos, nada mais. Não é preciso relaxar o corpo inteiro. Sentado no trem ou no avião, ou no carro, ninguém perceberá o que você está fazendo. Apenas relaxe o sistema respiratório. Em seguida, feche os olhos e fique atento à respiração entrando, saindo, entrando...

Não se concentre! Se você se concentrar, criará um problema, porque tudo se torna uma perturbação. Se tentar se concentrar sentado no carro, o ruído do carro se torna uma perturbação, a pessoa sentada ao seu lado se torna uma perturbação. Meditação não é concentração. É pura percepção. Você simplesmente relaxa e observa a respiração. Nessa atenção, nada se exclui. O som do carro é perfeitamente normal, aceite-o. O trânsito passa, e isso é normal, parte da vida. O passageiro roncando ao seu lado, aceite-o. Não rejeite nada.

* * *

Você não pode evitar a verdade. É melhor encará-la, é melhor aceitá-la, é melhor vivê-la. Ao começar a viver uma vida de verdade, de autenticidade, de sua face original, todas as agruras desaparecerão, pouco a pouco, porque o conflito se vai, e você não está mais dividido. Sua voz passa a ter uma unidade, todo o seu ser se torna uma orquestra. Hoje, quando você diz algo, seu corpo diz algo diferente; quando sua língua diz algo, seus olhos, simultaneamente, dizem outra coisa.

As pessoas costumam vir até mim e lhes pergunto: "Como estão?" Elas dizem: "Estamos muito, muito felizes." E não consigo acreditar, porque seus rostos estão muito amarrados, sem qualquer traço de alegria ou satisfação! Seus olhos não têm brilho nem luz. E quando dizem: "Estamos felizes", a própria palavra *feliz* não soa feliz. O tom, a voz, o rosto, o modo de se sentar ou ficar em pé, tudo revela outra coisa.

Comece a observar as pessoas. Quando se dizem felizes, observe. Procure uma pista. Estão realmente felizes? E imediatamente você perceberá que parte delas está dizendo outra coisa. E, então, pouco a pouco, observe a si mesmo. Quando diz que está feliz, e não está, há uma perturbação em sua respiração. Sua respiração não pode ser natural. É impossível. Porque, a verdade, é que você não estava feliz. Se tivesse dito: "Estou infeliz", sua respiração teria permanecido normal. Não haveria conflito. Mas você disse "Estou feliz". Imediatamente, está reprimindo algo, forçou para baixo algo que queria subir. Com esse esforço, sua respiração muda de ritmo; não é mais rítmica. Seu rosto não está mais gracioso, seus olhos se tornam enganadores.

Primeiro, observe os outros, porque será mais fácil. Você pode ser mais objetivo em relação a eles. E quando descobrir pistas nos outros, use as mesmas pistas em relação a si próprio. E observe-se. Quando diz a verdade, sua voz tem um tom musical; quando mente, há um tom perturbador. Quando diz a verdade, você é um, inteiro; quando mente, não está inteiro, surgiu um conflito. Observe esses fenômenos sutis, porque eles são a consequência da inteireza ou da não inteireza.

Sempre que estiver inteiro, não se despedaçando, sempre que estiver inteiro, em uníssono, de repente, perceberá que está feliz. Esse é o significado da palavra *ioga*. Isso é o que significa *iogue*: aquele que está inteiro, em uníssono; cujas partes se encontram inter-relacionadas e não contraditórias; são interdependentes, sem conflito, em paz umas com as outras. Há uma grande amizade dentro de seu ser. Ele é inteiro.

Às vezes, acontece de você se tornar um, em um momento raro. Observe o oceano, a tremenda selvageria dele e, de repente, você esquece a sua própria cisão, sua esquizofrenia; você relaxa. Ou ao caminhar no Himalaia, vendo a neve virgem nos picos, de repente, um frio confortável o cerca e você não precisa ser falso, porque não há outro ser humano com quem ser falso. Você se tornou inteiro. Ou se torna inteiro ao ouvir uma bela canção. A qualquer momento, em qualquer situação, você se torna inteiro e a paz, a felicidade, a bem-aventurança o cercam, despertam em você. Você se sente realizado.

Não há necessidade de esperar esses momentos, eles podem se tornar sua vida natural. Esses momentos extraordinários podem se tornar seus momentos comuns. É exatamente disso que trata o zen. Você pode viver uma vida extraordinária em uma vida muito comum: cortar lenha, carregar madeira, tirar água do poço, você pode estar tremendamente à vontade consigo mesmo. Limpando o chão, cozinhando, lavando roupa, você pode estar em perfeita paz, porque a questão é realizar suas ações de maneira total, gostando delas, sentindo prazer com elas.

* * *

A respiração é o segredo

Observe uma criança; aquele é o jeito certo de respirar. Quando uma criança respira, o peito não é nem minimamente afetado. A barriga sobe e desce. A criança respira como se o fizesse a partir da barriga. Todas as crianças têm uma barriguinha; ela existe por causa da respiração e do reservatório de energia.

Esse é o jeito certo de respirar. Lembre-se de não usar demais o peito; ele deve ser usado apenas esporadicamente, em momentos de emergência. Se você está correndo para salvar a própria vida, o peito pode ser usado. É um mecanismo de emergência. Nesse momento, você pode usar uma respiração rasa, rápida, e correr. Mas, normalmente, o peito não deve ser usado. E lembre-se de uma coisa: o peito é só para situações de emergência, porque nelas é difícil respirar naturalmente. Respirando naturalmente, você permanece calmo e quieto e não consegue correr, não consegue lutar; está tão calmo e controlado que parece um Buda. E se respirar naturalmente, em uma situação de emergência, como em uma casa em chamas, não será capaz de salvar nada. Ou se um tigre saltar sobre você em uma floresta e você continuar respirando normalmente, pouco se importará; é como se dissesse: "Tudo bem, deixe que ele faça o que quiser." Você não conseguirá se proteger.

Por isso, a natureza criou um mecanismo de emergência: o peito. Quando for atacado por um tigre, você vai precisar abandonar a respiração natural e respirar pelo peito. Assim, conseguirá correr, lutar, queimar energia mais rapidamente. E em uma situação de emergência, só há duas alternativas: fugir ou lutar. Ambas necessitam de uma energia muito rasa, porém intensa; um estado raso, porém muito perturbado e tenso.

Por outro lado, se respirar continuamente a partir do peito, sua mente ficará tensa. Se respirar continuamente a partir do peito, sempre sentirá medo, porque a respiração pelo peito só deve ser usada em situações de medo. E se você já desenvolveu esse hábito, estará sempre com medo, tenso, pronto para fugir. O inimigo não existe, mas você imaginará que sim. Assim é que se cria a paranoia.

No Ocidente, algumas pessoas, como Alexander Lowen e outros que trabalharam com bioenergética, depararam com esse fenômeno. Perceberam que, quando as pessoas sentem medo, o peito fica tenso e a respiração é muito rasa. Se a respiração dessas pessoas se tornar mais profunda, tocando a barriga, o centro *hara*, o medo desaparece. Ida Rolf concebeu um dos mais belos métodos para mudar a estrutura interior do corpo, o *Rolfing*. Se você respira errado há muitos anos, deve ter desenvolvido certa musculatura; e essa musculatura atrapalha, não o deixa respirar profundamente. E mesmo que se lembre de respirar profundamente por alguns segundos, logo que voltar ao trabalho, começará a respirar raso de novo, pelo peito. A musculatura precisa ser mudada. Quando isso acontecer, o medo e a tensão desaparecem.

O jeito natural de se respirar é como o de uma criança respirar. Observe e tente respirar dessa maneira. Deixe a barriga subir quando inala e descer quando exala. E deixe que isso se torne um ritmo, de modo que será quase uma canção de energia, uma dança com ritmo, com harmonia, e você se sentirá tão relaxado, tão vivo, tão vital, que nem poderá imaginar que tal vitalidade seja possível.

Atenção relaxada

Em seu *Vigyan Bhairav Tantra* Shiva ensina esta técnica de meditação:

Onde sua atenção pousar, nesse exato ponto, experimente.

Nessa técnica, primeiro, você precisa desenvolver atenção. Deve desenvolver uma espécie de atitude atenta. Só assim a técnica será possível, de modo que, onde sua atenção pousar, você poderá experimentar, experimentar a si próprio. Basta olhar para uma flor e você experimentará a si próprio. Pois olhar para uma flor não é apenas olhar para a flor, mas também para aquele que a vê, mas somente se você conhecer o segredo da atenção.

Você pode olhar uma flor e pensar que está olhando a flor, mas, como começou a *pensar* na flor, já a perdeu. Você não está mais presente, foi para outro lugar, afastou-se. Ter atenção significa que, quando estiver olhando uma flor, estará olhando a flor, sem fazer mais nada, como se a mente tivesse congelado, como se agora não existisse mais pensamento e apenas a experiência da flor. Você está aqui, a flor está lá, e entre os dois não há pensamento.

Se conseguir fazer isso, descobrirá que, de repente, sua atenção virá da flor, ricocheteando em você. Isso se tornará um círculo. Você olhará para a flor e o olhar retornará. A flor o reflete, devolve a você. Se não houve nenhum outro pensamento, isso acontecerá. Portanto, você não está apenas olhando para a flor, mas também para o próprio observador. O observador e a flor se tornaram dois objetos, e você se tornou a testemunha de ambos.

Mas, antes, a atenção deve ser treinada, porque você não tem atenção alguma. Sua atenção é fugidia, mudando daqui para ali, de uma coisa para outra. Você não fica atento um único momento. Mesmo quando estou falando, nunca ouve todas as minhas palavras. Ouve uma palavra e, em seguida, sua atenção vai para outro lugar; então, você volta e ouve outra, e a atenção vai para outro lugar novamente. Você ouve algumas palavras e preenche as lacunas, achando que me ouviu. O que leva disso é problema seu; é criação sua. Ouviu de mim apenas algumas palavras e preencheu a lacuna entre elas; mas o que colocou nas lacunas muda tudo! Digo uma palavra e você começa a pensar nela. Não consegue permanecer em silêncio.

Se conseguir permanecer em silêncio enquanto me ouve, se tornará atento.

A atenção é como um alerta silencioso sem a interferência de pensamentos. Desenvolva essa atenção. Você só pode desenvolvê-la praticando; não há outra maneira. Pratique mais, e a desenvolverá. Independentemente do que estiver fazendo, de onde estiver, tente desenvolvê-la.

Está viajando de carro ou de trem. O que está fazendo ali? Tente desenvolver a atenção; não desperdice tempo. Ficará no trem por meia hora: desenvolva atenção. Apenas esteja lá. Não pense. Olhe para alguém, olhe para o trem ou para fora, mas *seja o olhar*, não pense em coisa alguma. Pare de pensar. Esteja lá e olhe. Seu olhar se tornará direto, penetrante; e de todos os lugares seu olhar será refletido de volta e você se tornará consciente do observador.

Você não é consciente de si próprio porque existe uma muralha. Quando olha uma flor, seus pensamentos, de início, mudam seu olhar; dão-lhe a cor deles. Então, esse olhar vai para a flor. Retorna, mas novamente seus pensamentos lhe dão uma cor diferente. E quando o olhar retorna, nunca o encontra. Você se mudou para outro lugar, não está mais lá.

Todo olhar retorna; tudo é refletido, respondido, mas você não está lá para receber. Portanto, esteja lá, e receba. No decorrer do dia, pode experimentar isso em muitas coisas e, aos poucos, desenvolverá atenção. Então, pratique isto:

Onde sua atenção pousar, nesse exato ponto, tente experienciá-la.

Olhe para qualquer lugar, simplesmente olhe. A atenção pousou — e você experimentará a si próprio. Mas o primeiro requisito é ter a capacidade de ser atento. E você pode praticar isso.

Não é necessário usar tempo extra. O que quer que esteja fazendo, comendo ou tomando banho, esteja atento. Mas qual é o problema? O problema é que fazemos tudo com a mente, e estamos continuamente planejando o futuro. Você pode estar em um trem, mas sua mente talvez esteja programando outras viagens; programando, planejando. Pare com isso.

Um monge zen, Bokuju, afirmou: "Esta é a única meditação que conheço. Enquanto como, como. Quando ando, ando. Quando tenho sono, durmo. O que acontece, acontece. Nunca interfiro."

É só isso: não interfira. E o que acontecer, deixe acontecer; simplesmente esteja lá. Isso vai lhe proporcionar atenção. E quando tiver atenção, essa técnica estará em suas mãos.

Onde sua atenção pousar, nesse exato ponto, tente experienciá-la.

Experiencie o experimentador; retorne a si próprio. De todos os lugares, você será ricocheteado; de todos os lugares, será refletido. Toda a existência se tornará um espelho; você será refletido em todo lugar. Toda a existência vai refleti-lo, e só então você poderá conhecer a si mesmo, não antes.

Enquanto toda a existência não se tornar um espelho para você, enquanto toda parte da existência não se revelar a você, enquanto toda relação não se abrir para você... Você é um fenômeno infinito; espelhos comuns não servem. Você é uma experiência tão vasta que, a menos que toda a existência se torne um espelho, não conseguirá sequer um vislumbre. Você só será refletido quando todo o universo se tornar um espelho. Em você existe o divino.

E a técnica para fazer da existência um espelho é esta: criar atenção, tornar-se mais alerta; e, então, onde sua atenção pousar, em qualquer lugar ou objeto, você experimentará a si próprio. Isso é possível, mas, neste momento, é impossível, porque você não preenche os requisitos básicos.

Pode olhar para uma flor, mas sua atenção não está lá. Você está apenas correndo perto da flor, dando voltas. Viu a flor enquanto corria; não esteve lá por um único instante.

Onde sua atenção pousar, nesse exato ponto, tente experienciá-la.

Apenas lembre-se de si mesmo.

Há um motivo profundo para justificar a utilidade dessa técnica. Você pode arremessar uma bola e atingir uma parede; a bola volta. Quando olha para uma flor ou um rosto, certa energia é arremessada. Seu olhar é essa energia. E você não percebe que ao olhar está investindo alguma energia, está arremessando energia. Certa quantidade de energia de vida está sendo dispendida. É por isso que você se sente exausto após olhar as ruas o dia todo: as pessoas passando, os anúncios publicitários, a multidão, as lojas. Olhar para tudo faz com que você se sinta exausto e, de repente, você quer fechar os olhos, relaxar. O que aconteceu? Por que se sente tão exausto? Porque esteve gastando energia. Buda e Mahavir insistiam que seus monges não olhassem demais; eles devem se concentrar no chão. Buda diz que você só deve olhar 1 metro à frente. Não olhe para todos os lugares; olhe apenas o caminho que estiver percorrendo. Olhar 1 metro adiante é suficiente, porque, quando você tem 1 metro, novamente olhará para outro metro. Não olhe mais longe que isso porque não deve desperdiçar energia desnecessariamente.

Ao olhar, você gasta certa quantidade de energia. Espere, fique em silêncio, permita que essa energia retorne, e ficará surpreso. Se permitir que ela retorne, nunca se sentirá exausto. Faça isso. Amanhã de manhã, experimente. Fique em silêncio, olhe para alguma coisa. Fique em silêncio, não pense, e espere pacientemente um momento único. A energia voltará; na verdade, você pode se revitalizar.

Sem pensar, a energia retorna; não há barreira. E se você estiver ali, vai reabsorvê-la, e a reabsorção é rejuvenescedora. Seus olhos, em vez de ficarem cansados, estarão mais relaxados, mais vitais, cheios de mais energia.

Tomando espaço

Todos nós precisamos de espaço. Quando as pessoas invadem esse espaço, nossa energia encolhe e entramos em pânico por dentro.

E esse espaço está se tornando menor a cada dia. O mundo fica cada vez mais lotado. Em todos os lugares, no trem, no ônibus, no teatro, na rua, nas lojas, nos restaurantes, nas faculdades, nas escolas, há uma multidão enorme de gente, e o espaço necessário para o crescimento do indivíduo desapareceu. Um estresse profundo surgiu nos seres humanos. Chamam-no de "síndrome do estresse", e, agora, se tornou quase normal.

Todos estão estressados, mas como se tornou normal, as pessoas não o percebem. Criam diversos tipos de doenças interiores, particularmente dos tipos relacionadas à tensão.

Observe as pessoas no trem, de pé lado a lado, quase sendo esmagadas umas pelas outras, encolhidas, rígidas, congeladas, não se mexendo, porque têm medo. Caso se mexam, a energia se mexe; por isso, ficam congeladas, como mortas, sem sentir a presença do outro. Assim, os corpos têm se tornado cada vez mais amortecidos, insensíveis.

Você precisa fazer alguma coisa a esse respeito, pois, do contrário, terá problemas. Há algo que pode ser feito sempre que as pessoas se aproximarem demais e você sentir o primeiro sinal de pânico, medo, tensão. Respire fundo e expire. Sinta todo o estresse saindo com o ar. Depois, respire fundo de novo. Absorva o ar fresco e sinta o peito, sua passagem interior, se expandindo. Sete respirações assim bastam e, de repente, você verá que não há problema algum.

O mais importante é a ideia de que, com a exalação, você expele o estresse.

A respiração pode ser usada para convidar muitas coisas e para expulsar muitas coisas. É a sua parte mais vital. É você. Portanto, aquilo que fizer com sua respiração, estará fazendo consigo.

Comer com consciência

Comemos de maneira muito inconsciente, automática, robotizada. Se o sabor não é apreciado, você está apenas se empanturrando. Vá devagar e sinta o gosto. Não fique apenas engolindo as coisas. Prove-as sem pressa e torne-se o próprio sabor. Quando sentir doçura, torne-se essa doçura. E poderá senti-la por todo o corpo, não só na boca, não só na língua. Ela pode ser sentida em todo o corpo, espalhando-se em ondas.

Sempre que comer, sinta o gosto, e torne-se esse gosto. Sem gosto, seus sentidos ficam amortecidos. Ficarão cada vez mais insensíveis. E, com menos sensibilidade, você não será capaz de sentir o corpo e não será capaz de sentir seus sentimentos. Permanecerá centrado apenas na cabeça.

Ao beber água, sinta a frieza. Feche os olhos, beba-a devagar, prove-a. Sinta a frieza e sinta que você se torna aquela frieza, pois ela está se transferindo da água para você; está se tornando parte de seu corpo. Sua boca a toca, sua língua a toca, e a frieza é transferida. Permita que isso aconteça com o corpo inteiro. Permita que as ondas se espalhem; e sentirá a frieza por todo o corpo. Assim, sua sensibilidade pode crescer e você pode se tornar mais vivo e mais realizado.

O sorriso interior

Sempre que estiver sentado e não tiver nada para fazer, relaxe o maxilar inferior e abra a boca um pouco. Comece a respirar pela boca, mas não profundamente. Apenas deixe o corpo respirar, de maneira rasa, cada vez mais rasa. E quando sentir que a respiração se tornou muito rasa e a boca está aberta e o maxilar relaxado, seu corpo inteiro se sentirá muito relaxado.

Nesse momento, comece a sentir um sorriso. Não no rosto, mas por todo o seu ser interior. Não é um sorriso que vem aos lábios — é um sorriso existencial, que se espalha por dentro.

Não há necessidade de sorrir com os lábios. É apenas como se sorrisse a partir da barriga; a barriga está sorrindo. E é um sorriso, não uma risada; por isso, é muito, muito suave, delicado, frágil, como uma pequena rosa se abrindo na barriga, deixando a fragrância se espalhar por todo o corpo.

Quando souber o que é esse sorriso, você pode permanecer por 24 horas. E sempre que sentir que está perdendo essa felicidade, feche os olhos e retome aquele sorriso; ele estará lá. No decorrer do dia, você pode retomá-lo, quantas vezes quiser. Ele estará sempre lá.

Levante-se com o sol

Quinze minutos antes do nascer do sol, quando o céu fica um pouco mais claro, espere e observe, como quem espera pela pessoa amada: alerta, profundamente esperançoso, animado, mas em silêncio. Simplesmente, deixe o sol nascer, e continue observando. Não é preciso fixar os olhos; pode piscar. Sinta que algo em seu interior está nascendo simultaneamente.

Quando o sol despontar no horizonte, comece a senti-lo perto do umbigo. Ele desponta lá; e aqui, dentro do umbigo, desponta, pouco a pouco. O sol está nascendo lá, e dentro do umbigo desperta um ponto de luz interior. Dez minutos bastam. Agora, feche os olhos. Quando focalizar o sol pela primeira vez com os olhos abertos, criará um ponto negativo; então, ao fechar os olhos, conseguirá vê-lo brilhante, por dentro.

Isso irá transformá-lo profundamente.

Diga sim

Não é a nossa atitude básica. Por quê? Porque, quando você diz não, se sente importante. A mãe se sente importante porque ela pode dizer não. A criança é negada, o ego da criança é ferido e o da mãe, preenchido. O não preenche o ego; é alimento para o ego, motivo pelo qual somos treinados a dizer não.

Em qualquer lugar é possível encontrar os que dizem não, porque, com o não, as pessoas demonstram autoridade. Você é alguém, pode dizer não. Dizer "sim, senhor" o faz se sentir inferior; sente que é subordinado a alguém, sente que é um ninguém. Só nessas condições é que você diz "sim, senhor".

Sim é positivo e não é negativo.

Lembre-se disto: o não satisfaz o ego; o sim é o método de descobrir o ego. O não fortalece o ego; o sim, o destrói.

Primeiro, descubra se consegue dizer sim. Se não consegue, se é impossível dizer sim, então, só diga não. Nosso método normal é dizer não logo de cara; se for impossível dizer não, com uma atitude derrotista dizemos sim.

Experimente, algum dia. Faça um voto de que por 24 horas tentará dizer sim em todas as situações. Perceba o relaxamento profundo que sentirá. Coisas corriqueiras... Seu filho pede para ir ao cinema. Ele *vai*, de qualquer jeito; seu não nada significa. Pelo contrário, seu não é um convite, uma atração, porque, enquanto você fortalece o próprio ego, seu filho também tenta fortalecer o dele. Tentará agir contra seu não e conhece maneiras de converter esse não em sim, sabe como transformá-lo. Ele sabe que basta um pequeno esforço, insistência, e seu não se torna sim.

Por 24 horas, tente, de todas as maneiras, começar com sim. isso será bastante difícil, porque perceberá que o não vem imediatamente antes! Em qualquer situação, o não vem antes, tornou-se um hábito. Não o use; use o sim, e verá como o sim o deixa relaxado.

Abandone a inquietude

Todas as noites, sente-se em uma cadeira e deixe a cabeça tombar para trás, relaxada e em repouso. Pode usar um travesseiro para ficar em uma postura de descanso e sem tensão no pescoço. Em seguida, relaxe o maxilar inferior, apenas até o ponto de a boca abrir um pouco, e comece a respirar pela boca, não pelo nariz. Mas a respiração não deve ser alterada, precisa ser natural, como é normalmente. Os primeiros respiros serão um pouco erráticos. Aos poucos, se acomodarão, e a respiração ficará muito leve. O ar entrará e sairá bem delicadamente; é assim que deve ser. Mantenha a boca aberta, os olhos fechados, e descanse.

Agora, comece a sentir as pernas se afrouxando, como se lhe fossem tiradas, soltando-se nas juntas. Sinta como se estivessem sendo removidas, libertadas, e comece a pensar que você é só a parte superior do corpo. As pernas se foram.

Agora as mãos: imagine que suas mãos estão se afrouxando e sendo tiradas de você. Talvez até ouça um "clique" por dentro quando elas se soltarem. Você não é mais as mãos; elas estão mortas, foram removidas. Só resta o torso.

Agora comece a pensar na cabeça. Ela também está sendo retirada; você está sendo decapitado, e a cabeça se separa do corpo. Deixe-a se mover. Você não tem controle sobre a direção que ela tomará, direita ou esquerda. Deixe-a solta; ela foi removida.

Agora só tem o torso. Sinta que você é só isso; o peito e a barriga, só.

Faça isso por, no mínimo, vinte minutos e, depois, vá dormir. É algo que deve ser feito pouco antes de dormir. Faça por pelo menos três semanas.

Sua inquietude será reduzida. Separando as partes, só restará o essencial, de modo que toda a sua energia passará para a parte essencial. Essa parte essencial relaxará e a energia começará a fluir em suas pernas, mãos e cabeça novamente, dessa vez, de maneira mais proporcional.

Mantenha contato com o coração

Sentir é a vida real. Pensar é falso porque pensar é sempre *em* alguma coisa; nunca é algo real. Pensar no vinho não deixa você embriagado, o vinho, sim. Você pode pensar no vinho o quanto quiser, mas nunca ficará embriagado só com o pensamento. Terá de beber o vinho, e o ato de beber se realiza pelo sentimento.

Pensar é uma pseudoatividade, uma atividade substituta. Ela lhe dá um falso sentido de algo acontecendo, e nada acontece. Por isso, mude do pensar para o sentir; e a melhor maneira de fazer isso é respirar a partir do coração.

Durante o dia, sempre que se lembrar, respire fundo. Sinta o ar batendo no meio do peito. Sinta como se toda a existência estivesse jorrando para dentro de você, dentro do lugar onde se encontra seu centro do coração. Isso varia de uma pessoa para outra; normalmente, esse centro se inclina para a direita. Nada tem a ver com o coração físico. É algo totalmente diferente; pertence ao corpo sutil.

Respire fundo e, quando o fizer, repita pelo menos cinco vezes, sempre fundo. Inale o ar e encha o coração. Sinta-o no meio; a existência jorra para dentro de você pelo coração. Vitalidade, vida, o divino, a natureza, tudo jorrando para dentro.

Agora, exale profundamente, de novo a partir do coração, e sinta que está devolvendo ao divino, à existência, tudo o que lhe foi dado.

Faça isso várias vezes ao dia, mas repita pelo menos cinco vezes. Isso vai ajudá-lo a passar da cabeça para o coração.

Você se tornará mais e mais sensível, cada vez mais ciente de muitas coisas que não percebia antes. Seu olfato vai melhorar, seu paladar, seu tato, tudo vai melhorar. Verá melhor, ouvirá melhor; tudo ficará mais intenso. Assim, passe da cabeça para o coração e todos os seus sentidos ficarão subitamente mais luminosos. Começará a sentir a vida realmente pulsando em você, pronta para saltar e pronta para fluir.

O exercício de "Pare!"

Comece a fazer um exercício simples pelos menos seis vezes por dia. Leva apenas meio minuto, ou seja, um total de três minutos por dia. É a meditação mais curta no mundo! Mas você precisa fazê-la de repente, e esse é o segredo.

Andando na rua, lembre-se de repente: pare. Pare completamente. Pare os movimentos. Apenas esteja presente por meio minuto. Em qualquer situação, pare completamente e apenas esteja presente no que acontecer. Isso deve ser feito de repente. Depois, comece a se mexer novamente. Faça isso seis vezes por dia. Pode fazer mais vezes, mas não menos; isso lhe proporcionará uma grande abertura.

Se você apenas ficar presente, de súbito, toda a energia muda. A continuidade que se passava na mente para. E é tão súbito que a mente não pode criar um novo pensamento com tanta rapidez. Leva tempo; a mente é burra.

Em qualquer lugar, no instante em que se lembrar, dê um tranco em todo o seu ser e pare. Além de se tornar consciente, logo sentirá que os outros se tornaram cientes de sua energia, que algo aconteceu; algo vindo do desconhecido está entrando em você.

Saia da caixa

Sentindo-se triste? Dance ou tome um banho de chuveiro e sinta a tristeza desaparecer de seu corpo conforme o calor do corpo desaparece. Sinta que com a água do chuveiro escorrendo sobre você a tristeza está sendo removida, assim como o suor e a poeira são removidos do corpo. Veja o que acontece. Tente colocar a mente em uma situação na qual ela não pode funcionar da maneira antiga.

Qualquer coisa serve. Na verdade, todas as técnicas desenvolvidas no decorrer dos séculos nada mais são que meios de tentar distrair a mente dos antigos padrões.

Por exemplo, se você se sente zangado, respire fundo algumas vezes. Inale e exale profundamente, por apenas dois minutos, e, então, veja onde está a raiva. Confunda a mente; ela não pode correlacionar as duas coisas. "Desde quando", a mente começa a perguntar, "alguém respira fundo com raiva? O que está havendo?"

Faça, enfim, qualquer coisa, mas não repita. Essa é a questão. Do contrário, se for tomar banho cada vez que estiver triste, a mente acompanhará o hábito. Depois de três ou quatro vezes, ela aprende. "Tudo bem. Você está triste; por isso, está tomando banho." Aí, o banho se torna parte de sua tristeza. Não, nunca repita. Continue intrigando cada vez mais a mente. Seja inovador, seja imaginativo.

Seu parceiro, ou parceira, diz algo e você fica zangado. Geralmente, quando isso acontece, você quer bater na pessoa ou jogar algo nela. Dessa vez, mude: aproxime-se e abrace a pessoa! Dê-lhe um beijo e intrigue-a também! Sua mente ficará confusa, e a pessoa, também. De repente, as coisas não serão mais as mesmas. Você verá que a mente é um mecanismo e que ela fica perdida com o novo; não sabe lidar com o novo.

Abra a janela e deixe entrar uma nova brisa.

Apenas escute

Escutar é resultado de uma profunda relação entre o corpo e a alma. Por isso, tal ato tem sido usado como um dos métodos mais poderosos para a meditação. Forma uma ponte entre duas infinidades: a material e a espiritual.

Sempre que estiver sentado, apenas escute o que está acontecendo. Você está no mercado e há muito barulho e trânsito; ouve um trem ou um avião passando. Escute, sem pensar que há barulho. Escute como se fosse música, com cumplicidade, e, de repente, verá que a qualidade do barulho mudou. Não é mais incômodo, não é mais perturbador; pelo contrário, torna-se tranquilizante. Se for escutado da maneira certa, até o mercado se torna uma melodia.

Portanto, o que você escuta não importa; o importante é você escutar e não apenas ouvir.

Mesmo que esteja escutando algo que nunca achou digno de escutar, faça-o com alegria, como se escutasse uma sonata de Beethoven, e, de repente, verá que transformou a qualidade do som. Ele se torna lindo.

Pilar de energia

Se você ficar de pé, quieto, imediatamente será cercado pelo silêncio. Experimente fazer isso em um canto de seu quarto. Fique de pé, quieto, no canto, sem fazer nada. De repente, a energia também se levantará dentro de você. Sentado, você sentia muitas perturbações na mente, porque a postura sentada é de um pensador; de pé, a energia flui como um pilar, e é distribuída igualmente por todo o corpo. Ficar de pé é lindo.

Experimente. Algumas pessoas acham que é muito, muito lindo. Se puder ficar de pé por uma hora, será maravilhoso.

Apenas ficar de pé, sem fazer nada, sem se mexer, você perceberá que algo se assenta em seu interior, torna-se silencioso; começa a se centrar, e você se sente como um pilar de energia. O corpo desaparece.

Caia no silêncio

Sempre que tiver tempo, caia no silêncio, e quero dizer exatamente isso, cair, como se fosse um bebê no ventre da mãe.

Sente-se no chão, sobre os joelhos, e aos poucos começará a querer pôr a cabeça no chão; então, faça isso. Adote a postura do feto, como a criança enrolada no ventre da mãe. E imediatamente sentirá o silêncio chegando, o mesmo silêncio que existia no ventre da mãe.

Sentado na cama, fique debaixo de um cobertor e se encolha, enrolando-se. Permaneça lá, totalmente quieto, sem fazer nada. Algumas vezes, virão alguns pensamentos. Deixe-os passar, seja indiferente, não se incomode. Se vierem, ótimo; se não vierem, ótimo. Não lute, não os expulse. Se lutar, você se perturbará. Se os expulsar, eles se tornarão persistentes; se não os quiser, eles se mostrarão teimosos e relutantes em sair.

Simplesmente, não se incomode; deixe-os lá, na periferia, assim como o barulho do trânsito está lá fora.

E, na verdade, é um barulho de trânsito, o trânsito cerebral de milhões de células se comunicando uma com a outra, e a energia e a eletricidade saltando de uma célula para outra. É o ruído constante de uma grande máquina; por isso, deixe-o lá. Torne-se completamente indiferente a ele. Não lhe diz respeito, não é problema seu. Pode ser o problema de alguém, mas não é seu. O que você tem a ver com isso?

E ficará surpreso: haverá momentos em que o barulho desaparecerá; desaparecerá completamente, e você ficará sozinho. Nessa solidão, encontrará o silêncio. Uma postura de feto, como se estivesse no ventre da mãe, e como não há muito espaço, você se enrola; como está frio, cobre-se com um cobertor. Será um ventre perfeito, aquecido e escuro, e você se sentirá muito, muito pequeno. Isso vai lhe proporcionar um grande entendimento de seu ser.

Aprecie o espetáculo

Este mundo inteiro é apenas um espetáculo; por isso, não o leve tão a sério. A seriedade o forçará a ter problemas. Você acabará tendo um problema. Não seja sério com o mundo. Nada é serio; este mundo inteiro é só um espetáculo. Se conseguir ver o mundo inteiro como um espetáculo, recuperará sua consciência original.

A poeira se acumula porque você é sério demais. Essa seriedade cria problemas, e somos tão sérios que mesmo enquanto assistimos a um espetáculo acumulamos poeira.

Vá a um cinema e observe os espectadores. Não olhe a tela, esqueça o filme; não olhe a tela, apenas observe a plateia. Uma pessoa chora, as lágrimas dela rolam, outra pessoa ri, outra, fica sexualmente excitada. Apenas observe as pessoas. O que estão fazendo? O que está acontecendo com elas? E não há nada na tela, apenas imagens, imagens de luz e sombra.

A tela está vazia. Mas por que as pessoas estão agitadas? Estão chorando, soluçando, rindo. A imagem não é uma imagem. O filme não é apenas um filme. Elas esqueceram que é apenas uma história. Levaram-na a sério. Ganhou vida, é real!

E isso está acontecendo em todo lugar, não só nos cinemas. Veja a vida à sua volta. O que ela é? Muitas pessoas já viveram nesta Terra. Onde você está sentado, há no mínimo dez corpos enterrados, e também eram de pessoas sérias como você. Agora, elas não existem mais. Para onde foi a vida delas? Para onde foram os problemas delas? Viviam lutando, lutando por um centímetro de terra; e a terra ainda está lá, e elas não estão mais.

Não estou dizendo que os problemas dessas pessoas não eram problemas; eram, sim, assim como os seus problemas são problemas. Eram questões sérias de vida e morte. Mas onde estão os problemas delas? E se toda a humanidade desaparecesse um dia, a Terra permaneceria, as árvores cresceriam, os rios correriam e o sol nasceria, e a Terra não sentiria falta nem perguntaria onde está a humanidade.

Olhe para a amplidão: olhe para trás, para a frente, olhe para todas as dimensões em que se encontra, o que é a sua vida? Parece um longo sonho, e tudo o que você leva tão a sério neste momento torna-se irrelevante no momento seguinte. Talvez você nem se lembre. Lembre-se de seu primeiro amor, como era sério. A vida dependia dele. Agora, você nem se lembra, ficou esquecido. E tudo aquilo do qual você pensa que sua vida depende hoje será esquecido.

A vida é um fluxo, nada permanece. É como uma imagem que se move, tudo se transforma em outra coisa. Mas, agora, neste momento, você sente que aquilo é muito sério, e se perturba.

Na Índia, chamamos este mundo não de uma criação de Deus, mas de uma encenação, um jogo, *leela*. Esse conceito de *leela* é belo porque a palavra *criação* parece séria. O Deus cristão, o Deus judeu, é muito sério. Adão foi expulso do Éden por um único ato de desobediência, e não só ele foi expulso, mas toda a humanidade, por causa dele. Ele era nosso pai e nós sofremos por causa dele. Deus parece sério demais: não deve ser desobedecido, e, se for, se vingará.

E a vingança existe há tanto tempo! O pecado não parece tão sério. Na verdade, Adão o cometeu por causa da estupidez de Deus. Deus disse a Adão: "Não chegue perto da Árvore do Conhecimento e não coma deste fruto." Essa proibição se tornou um convite. É psicológico: naquele grande jardim, só a Árvore do Conhecimento se tornou atraente. Era proibida. Qualquer psicólogo pode lhe dizer que Deus cometeu um erro. Se o fruto daquela árvore não podia ser comido, seria melhor nem falar dele. Não haveria a possibilidade de Adão chegar até a árvore e toda a humanidade ainda viveria no jardim.

Mas essa ordem, "não coma", criou a encrenca; esse "não" criou toda a encrenca. Porque Adão desobedeceu, foi expulso do paraíso, e a vingança parece ter continuado por tempo demais. Os cristãos dizem que Jesus foi crucificado apenas para nos redimir, para nos redimir do pecado cometido por Adão. Portanto, todo o conceito cristão de história se fundamenta em duas pessoas: Adão e Jesus. Adão cometeu o pecado e Jesus sofreu para nos redimir dele, deixando-se ser crucificado. Sofreu para que o pecado de Adão fosse perdoado. Mas parece que Deus ainda não nos perdoou. Jesus foi crucificado, mas a humanidade continua sofrendo do mesmo jeito.

O próprio conceito de Deus como pai é feio, sério. O conceito indiano não é de um criador. Deus é apenas um jogador, não é sério. Isso é só um jogo. Há regras, mas são regras de um jogo. Você não precisa levá-las tão a sério. Nada é pecado, só um erro, e você sofre por causa de um erro, não porque Deus o castiga. Sofre se não segue as regras. Deus não o castiga.

O conceito de *leela* dá à vida uma cor teatral; ela se torna um longo espetáculo. Essa técnica se baseia neste conceito:

se você está infeliz é porque levou a vida demasiadamente a sério.

Não tente encontrar um modo de ser feliz. Mude de atitude. Você não pode ser feliz com uma mente séria. Com uma mente festiva, pode ser feliz. Encare toda esta vida como um mito, como uma história. Ela é isso, e quando a encarar assim, não será mais infeliz. A infelicidade vem do excesso de seriedade.

Experimente por sete dias: por sete dias, lembre-se somente de uma coisa: o mundo inteiro é apenas um espetáculo. Você não será mais o mesmo. Por apenas sete dias! Não vai perder muito, porque não tem nada a perder. Tente. Por sete dias, encare tudo como um espetáculo, um show. Esses sete dias vão lhe permitir vários vislumbres de sua natureza de Buda, de sua pureza interior. E após esses vislumbres, você não será mais o mesmo. Será feliz e incapaz de conceber o tipo de felicidade que o aguarda, porque você ainda não conheceu felicidade alguma. Você só conheceu graus de infelicidade: algumas vezes, esteve mais infeliz e, outras vezes, menos; e quando estava menos infeliz, dizia que era a felicidade. Você não sabe o que é felicidade porque não é capaz de saber.

Quando leva o mundo muito a sério, não tem como saber o que é felicidade. Felicidade acontece só quando você se baseia naquela atitude de que o mundo é uma peça. Então, experimente isto: faça tudo de maneira festiva, celebrando, encenando, não a coisa real. Se você é marido de alguém, encene o marido. Se é esposa, encene a esposa. Faça de tudo um jogo.

Há regras, claro. Todo jogo tem regras. O casamento é uma regra e o divórcio é uma regra, mas não os leve a sério. São regras; e uma regra gera outra. O divórcio é ruim porque o casamento é ruim: uma regra gera outra! Mas não as leve a sério; e veja como a qualidade de sua vida mudará imediatamente.

Vá para casa hoje à noite e comporte-se com seu marido ou com seus filhos como se representasse um personagem em uma peça, e veja a beleza que é. Quando você interpreta um personagem, tenta ser eficiente, mas não se perturba. Não há necessidade. Você interpretará o personagem e irá dormir. Mas, lembre-se, é um personagem, e por sete dias mantenha essa atitude. Aí, a felicidade chegará a você; e assim que conhecer a felicidade, não precisará mais voltar para a infelicidade, porque a escolha é sua.

Você é infeliz porque escolheu uma atitude errada em relação à vida. Você pode ser feliz se escolher uma atitude certa. Buda presta muita atenção à atitude certa. Faz dela uma base, uma fundação, "atitude certa". Qual é a atitude certa? Qual é o critério? Para mim, o critério é este: a atitude que o deixa feliz é a atitude certa, e não existe um critério objetivo. A atitude que o deixa infeliz é a atitude errada. O critério é subjetivo; sua felicidade é o critério.

Complete o círculo — uma meditação do espelho

Sua consciência flui para fora. Este é um fato, não uma questão de crença. Quando você olha para um objeto, sua consciência flui em direção ao objeto.

Suponhamos que você esteja olhando para mim. Você esquece de si mesmo, foca apenas em mim. Então, sua energia flui na minha direção, seus olhos apontam para mim. Isso é extroversão. Você vê uma flor e fica encantado e foca na flor. Esquece de si próprio; só está atento à beleza da flor.

Nós sabemos disso, acontece o tempo todo. Uma mulher bonita passa e de repente sua energia começa a segui-la. Conhecemos esse fluxo externo de luz. Essa é só metade da história. Mas, cada vez que a luz flui para fora, você cai para o segundo plano, esquece de si próprio.

A luz tem de fluir de volta para que você seja tanto o sujeito quanto o objeto ao mesmo tempo, simultaneamente, de modo que verá a si mesmo. Então, o autoconhecimento é liberado. Normalmente, vivemos nesse meio-caminho: meio vivos, meio mortos, essa é a situação. E, aos poucos, a vida continua fluindo para fora, e nunca retorna. Você vê isso, vê aquilo, está continuamente vendo, sem retornar a energia para aquele que vê. Durante o dia, você vê o mundo, à noite, vê sonhos, mas permanece continuamente apegado aos objetos. Essa é uma energia que se dissipa.

A experiência taoísta é que a energia gasta em sua extroversão pode ser cada vez mais cristalizada, em vez de dissipada, se você aprender a ciência secreta de fazê-la retroceder. É possível; essa é a ciência de todos os métodos de concentração.

De pé, em frente a um espelho, faça uma pequena experiência. Você está olhando para o espelho, seu rosto no espelho, seus olhos no espelho. Depois, por um momento, reverta todo o processo. Comece a sentir que o reflexo é que olha para você, não você para o reflexo, mas que o reflexo olha para você, e se sentirá em uma posição muito estranha.

Embora não seja mencionado nas escrituras taoístas, esse parece ser o experimento mais simples que podemos fazer, e com muita facilidade. De pé em frente ao espelho, no banheiro, olhe, primeiro, o reflexo: você olha e o reflexo é o objeto. Isso é extroversão: você olha o rosto espelhado. Seu rosto, claro, mas é um objeto fora de você. Depois, a situação muda, o processo se reverte. Comece a sentir que você é o reflexo e o reflexo está olhando para você. E imediatamente verá uma mudança ocorrer, uma grande energia vindo em sua direção. Tente por apenas alguns minutos e se sentirá muito vivo; e algo de imenso poder começará a entrar em você. Talvez até fique com medo, porque nunca conheceu isso; você nunca viu o círculo completo de energia.

No começo, pode ser assustador, porque você nunca fez isso; parecerá algo louco. Talvez se sinta abalado, um tremor talvez o domine; ou pode se sentir desorientado, porque toda a sua orientação, até agora, tem sido a extroversão. Introversão precisa ser aprendida lentamente. Mas o círculo está completo. E se fizer por alguns dias, vai se surpreender ao ver como se sente mais vivo o dia todo. Apenas alguns minutos de pé, em frente ao espelho, e deixando a energia retornar a você de modo que o círculo se complete.

Sempre que o círculo se completa, há um grande silêncio. O círculo incompleto cria inquietude. Quando o círculo se completa, cria descanso, deixa você centrado. E ser centrado é ser poderoso; o poder é seu. Esse é apenas um experimento; depois, você pode tentar de várias maneiras.

Ao olhar para a rosa, olhe-a, primeiro, por alguns minutos, só alguns minutos, e, depois, comece o processo inverso: a rosa olha para você. Ficará surpreso quanta energia ela pode lhe dar. O mesmo pode ser feito com as árvores, com as estrelas e com as pessoas. E o melhor modo de fazer o experimento é com o homem, ou a mulher, que você ama. Olhem nos olhos um do outro. Comece a olhar para o outro e, em seguida, comece a sentir o outro lhe retornando a energia; a dádiva está retornando. Você se sentirá reabastecido, limpo, banhado, envolto em uma nova espécie de energia. Sairá rejuvenescido, revitalizado.

Passe da cabeça para o coração

Tente não ter cabeça. Visualize-se sem cabeça; mexa-se sem cabeça. Parece absurdo, mas é um dos exercícios mais importantes. Tente e verá. Ande e sinta como se não tivesse cabeça. No começo, será apenas "como se". Será muito esquisito. Quando lhe vier o sentimento de que não tem cabeça, será muito esquisito e estranho. Mas, aos poucos, se assentará no coração.

Há uma lei... Talvez você tenha notado que uma pessoa cega tem a audição mais apurada, ouvidos mais musicais. As pessoas cegas são mais musicais; o sentimento delas por música é mais profundo. Por quê? A energia que normalmente passa pelos olhos não pode passar; por isso, ela escolhe um caminho diferente. Passa pelos ouvidos.

As pessoas cegas são mais sensíveis ao tato. Se um cego o tocar, você sentirá a diferença, porque normalmente nosso trabalho de tato acontece pelos olhos; tocamos uns nos outros pelos olhos. Um cego não pode tocar pelos olhos, então, a energia passa pelas mãos. Uma pessoa cega é mais sensível que qualquer um que enxergue. Às vezes, pode ser diferente, mas, normalmente, é isso que ocorre. Se um centro não está presente, a energia parte de outro.

Então, experimente esse exercício, sem cabeça e, de repente, você sentirá algo estranho: será como se estivesse no coração pela primeira vez. Caminhe sem cabeça. Sente-se para meditar, feche os olhos e simplesmente sinta que não existe a cabeça. Sinta "minha cabeça desapareceu". No começo será apenas "como se", mas aos poucos sentirá que a cabeça desapareceu mesmo. E quando a cabeça desaparecer, seu centro cairá imediatamente para o coração. Você verá o mundo pelo coração e pela cabeça.

Quando os ocidentais chegaram ao Japão pela primeira vez, não podiam aceitar que os japoneses acreditassem tradicionalmente que as pessoas pensassem pela barriga. Se perguntar a uma criança japonesa, não aculturada nos modos ocidentais, onde está o pensamento, ela apontará para a barriga.

Séculos e séculos se passaram e o Japão tem vivido sem a cabeça. É apenas um conceito. Se eu lhe perguntar onde se passa seu pensamento, você apontará para a cabeça, mas um japonês apontará para a barriga. E esse é um dos motivos pelos quais a mente japonesa é mais calma, quieta e contida.

Esse conceito foi perturbado porque o Ocidente é onipresente. Hoje não há mais o Oriente. O Oriente sobrevive apenas em alguns indivíduos, e estes são raros como ilhas. Além disso, o Oriente desapareceu; hoje, o mundo inteiro é Ocidente.

Experimente ficar sem cabeça. Medite de pé, diante do espelho, no banheiro. Olhe fundo nos olhos e sinta que está olhando a partir do coração. Aos poucos, o centro do coração começará a funcionar. E quando o coração funciona, muda toda a sua personalidade, toda a sua estrutura, o padrão inteiro, porque o coração tem um caminho próprio.

Enfim, a primeira coisa: experimente ficar sem cabeça. Depois, seja mais amoroso, porque o amor não pode funcionar pela cabeça. Seja mais amoroso! É por isso que quando uma pessoa se apaixona, perde a cabeça. Os outros dizem que ela ficou louca. Se você não estiver loucamente apaixonado, não está de fato apaixonado. A cabeça deve ser perdida. Se a cabeça estiver presente, não for afetada, funcionar normalmente, é impossível amar, porque, para amar, é preciso que o coração funcione, não a cabeça. É uma função do coração.

Quando uma pessoa muito racional se apaixona, torna-se tola. Ela própria sente a estupidez em que está mergulhando, a tolice. O que está fazendo? Então, essa pessoa divide sua vida em duas partes; cria uma divisão. O coração se torna uma questão silenciosa, íntima, e quando tal pessoa sai de casa, sai do coração. Ela vive em um mundo com a cabeça e só desce ao coração quando está amando. Mas isso é muito difícil, e, normalmente, nunca acontece.

Estive hospedado na casa de um amigo que é um oficial superior de polícia. A mulher dele me disse:

— Preciso compartilhar um problema. Você pode me ajudar?

— Que problema? — perguntei.

— Meu marido é seu amigo. Ele o ama e respeita; por isso, se você disser alguma coisa a ele, o ajudará.

— Dizer o quê? Explique-me.

— Ele é oficial superior mesmo na cama. Não conheço nele amante, nem amigo, nem marido. Ele é um oficial superior 24 horas por dia.

É difícil descer do pedestal. Torna-se uma atitude fixa. Se você é um empresário, permanecerá empresário na cama, também. É difícil conciliar as duas pessoas por dentro; e não é fácil mudar seu padrão completamente, imediatamente, a qualquer momento. É difícil, mas se você estiver apaixonado, começará a descer da cabeça.

Assim, para essa meditação, tente ser cada vez mais amoroso. E quando digo que seja mais amoroso, refiro-me à mudança da qualidade de seus relacionamentos: baseie-os no amor. Não só por sua esposa e por seu filho ou por seu amigo, mas torne-se mais amoroso com a própria vida. É por isso que Mahavira e Buda conversavam sobre não violência: para criar uma atitude de amor pela vida.

Quando Mahavira anda, fica atento para não matar sequer uma formiga. Por quê? Na verdade, a formiga não é a preocupação dele. Ele está criando uma atitude de amor pela vida em si. Quanto mais seus relacionamentos, todos eles, se basearem no amor, mais o seu centro do coração funcionará. Começará a funcionar; você verá o mundo com olhos diferentes, porque o coração tem um jeito próprio de olhar o mundo. A mente nunca pode olhar do mesmo jeito, é impossível para ela. A mente só pode analisar. O coração sintetiza; a mente só consegue dissecar, dividir, ela é uma divisora. Só o coração dá unidade. Quando você olha pelo coração, o universo inteiro parece uma unidade. Quando se posiciona pela mente, o mundo inteiro se torna atômico. Não há unidade, só átomos e mais átomos. O coração oferece uma experiência unitária, e a síntese suprema é Deus. Se você puder olhar pelo coração, o universo inteiro parece uno. Essa unicidade é Deus.

É por isso que a ciência nunca pode encontrar Deus; é impossível, porque o método aplicado nunca alcança a unidade suprema. O próprio método da ciência é razão, análise, divisão. Portanto, a ciência desce até as moléculas, os átomos, os elétrons. Os cientistas seguem dividindo, mas nunca conseguem chegar à unidade orgânica do todo. É impossível ver o todo pela cabeça.

Portanto, seja mais amoroso. Lembre-se, independentemente do que estiver fazendo, a qualidade do amor deve estar lá. Lembre-se constantemente. Ao andar sobre a grama, sinta que ela está viva. Cada folha é viva como você.

Seja amoroso. Mesmo com as coisas, seja amoroso. Se estiver sentado em uma cadeira, seja amoroso. Sinta a cadeira; tenha um sentimento de gratidão. A cadeira lhe proporciona conforto; sinta o toque, ame-a, tenha um sentimento caloroso. A cadeira, em si, não é importante.

Se estiver comendo, coma com amor. Os indianos dizem que a comida é divina. O significado disso é que, quando você está comendo, a comida lhe dá vida, energia, vitalidade. Seja grato, seja amoroso com a comida.

Normalmente, comemos com violência, como se estivéssemos matando algo, não como se absorvêssemos. É como se matássemos. Ou você vai jogando coisas na barriga de modo indiferente, sem qualquer sentimento. Toque a comida com amor, com gratidão: é a sua vida. Prove-a, deguste-a, aprecie-a. Não seja violento nem indiferente à comida.

Nossos dentes são violentos em função de nossa herança animal. Os animais não têm outras armas; unhas e dentes são suas únicas armas de defesa. Nossos dentes são, basicamente, uma arma; por isso, as pessoas matam com os dentes, matam a comida. Nesse sentido, quanto mais violento você for, mais precisará de comida.

Mas há um limite para a comida; por isso, as pessoas também fumam ou mascam chiclete. Isso é violência. Você gosta porque está matando algo com os dentes, moendo algo com os dentes e, por isso, masca chiclete. Essa é uma parte da violência. Faça o que estiver fazendo; mas faça com amor. Não seja indiferente. O centro de seu coração começará a funcionar e você descerá fundo no coração.

Espaço aéreo para os guerreiros na estrada

Você não vai encontrar situação melhor para meditar do que voando em grande altitude. Quanto maior a altitude, mais fácil a meditação. É por isso que há séculos os meditadores vão ao Himalaia, para chegar a uma boa altitude.

Quando a gravidade é mais fraca e a Terra está distante, os vários puxões da Terra também se distanciam. Você está longe da sociedade corrompida construída pelo homem. Está cercado por nuvens, pelas estrelas, pela lua, pelo sol e pela vastidão do espaço.

Portanto, faça isto: comece a se sentir unido com essa vastidão, em três etapas.

Primeira etapa: por alguns minutos, pense que está ficando maior. Logo você será capaz de sentir que se tornou de fato maior, preenchendo todo o avião.

Agora, a segunda etapa: comece a sentir que está ficando maior ainda, maior que o avião; aliás, o avião está, agora, dentro de você.

E a terceira etapa: sinta que se expandiu por todo o céu. Agora, as nuvens que se movem em sua tela de radar, a lua e as estrelas estão se movendo dentro de você: você é enorme, ilimitado.

Esse sentimento vai se tornar sua meditação, e você ficará completamente relaxado, não mais tenso. Seu trabalho será brinquedo de criança e não lhe causará mais nenhum estresse, será feito sozinho. Depois do voo, você chegará mais disposto do que quando começou. E fique em silêncio. Diga às pessoas que evitem falar com você, que se comuniquem apenas se necessário. Ou simplesmente ponha um aviso em você mesmo: "Estou meditando", para que as pessoas saibam que não devem perturbá-lo. É ótimo, não há nada igual!

Na verdade, antigamente, pouco após a invenção dos aviões, a emoção de voar neles era a emoção do céu. Mas perdemos essas sensações porque elas se tornam rotineiras demais. Agora que as pessoas viajam de avião quase todo dia, quem olha para o céu e quem olha para o sol criando suas lindas cores psicodélicas nas nuvens, quem?

Enfim, comece a olhar o céu que o cerca e, pouco a pouco, deixe acontecer um encontro entre o céu interior e o céu exterior.

PARTE 5

Desfazendo os nós – meditações ativas para encontrar a quietude interior

Você não consegue se sentar em silêncio, há muito tumulto por dentro. Sim, a partir do exterior você pode se sentar como um Buda, uma estátua de mármore, imóvel. Mas, no fundo, está calmo? O corpo pode aprender o truque de ficar imóvel, mas a mente não é tão facilmente vencida. Na verdade, quanto mais você força o corpo a se aquietar, mais a mente se rebela, mais a mente tenta tirar você da tal quietude. Ela aceita o desafio e explode em você com uma vingança, e entram em erupção todos os tipos de pensamentos, desejos, fantasias. Tudo quanto é coisa absurda começa a flutuar em sua cabeça, como se todas estivessem apenas aguardando; assim que você se senta para meditar, elas vêm.

Antigamente não era assim. Nenhuma pessoa primitiva necessitava de um Grupo de Encontro; a vida inteira era um encontro! Mas agora, quando você quer agredir, diz olá, e quando quer matar, sorri. E não só engana o outro, mas também acredita que seu sorriso é verdadeiro. Todas as pessoas estão vivendo uma vida dupla: a vida social, que é formal, e a vida privada, que é o oposto.

Você precisa de alguns processos pelos quais será conduzido ao seu eu (o *self*) verdadeiro, derrubando a dualidade, e podendo ver, pela primeira vez, quem você é. Sua moralidade, sua religião ensinam que você é uma espécie de dualidade, tornam você pseudo. Elas não o tornam verdadeiro, mas o deixam polido, educado, civilizado. Ensinam como ser formalmente bom. Elas lhe dão uma bela superfície e não cuidam de seu ser interior, que é o "você" real.

Elaborei métodos dinâmicos, caóticos, só para lhe dar um vislumbre de sua infância pura, quando você não era contaminado, poluído, envenenado, condicionado pela sociedade; quando você era ainda do jeito como nasceu, quando era natural.

Por que a catarse é útil

O corpo e a mente funcionam juntos. A mente é o aspecto interior do corpo, é um fenômeno material, nada tem a ver com o seu ser. Ela é matéria como o corpo; portanto, se você fizer algo com o corpo, a mente será automaticamente afetada. Nesse sentido, com o passar das eras, as pessoas têm cultivado posturas, como sentar-se em postura de lótus, forçar o corpo a ficar como uma estátua, uma estátua de mármore. Se seu corpo for forçado a ficar realmente imóvel, perceberá a mente cair em uma espécie de silêncio, que é falso, não é verdadeiro. O corpo foi forçado pela postura a permanecer em silêncio. Experimente isto: faça a postura de raiva com os punhos, o rosto, os dentes; entre na postura de raiva e ficará surpreso, começará a sentir raiva. Isso é o que faz um ator: move o corpo para uma postura, e a mente o segue.

Dois grandes psicólogos, James e Lange, desenvolveram uma teoria muito estranha no fim do século XIX, conhecida como a teoria James-Lange. Afirmaram algo muito incomum, que vai contra o velho senso comum dos tempos. Normalmente, pensamos que um homem foge quando tem medo; no medo, ele começa a correr. Para James e Lange, isso não é verdade. Para eles, o homem corre e por isso, sim, é que tem medo.

Parece absurdo, mas há certa verdade nisso. A verdade do senso comum é apenas metade, é parcial; essa é a outra metade. Se você começa a rir, perceberá que se sente menos triste que antes. Senta-se com amigos que começam a rir e contar piadas e logo você esquece a tristeza, a amargura. Começa a rir e, quando começa, se sente bem. Você começa com o corpo.

Tente! Se estiver se sentindo triste, comece a correr, dê uma corrida em torno da quadra sete vezes, respirando fundo, no sol, no vento; e depois de sete voltas, pare, de pé, e veja se sua mente é a mesma. Não, não pode ser a mesma. A mudança física mudou a mente.

A química do corpo muda a mente. Daí as posturas da ioga. São todas posturas que forçam a mente a determinado padrão. Não é um silêncio real. O silêncio real deve vir sozinho. Minha sugestão é não forçar o corpo. Em vez disso, dance, cante, mexa-se, corra, nade. Deixe o corpo ter todos os tipos de movimento para que a mente também tenha todos os tipos de movimento; e por meio desses movimentos interiores a mente começa a catarse e se livra dos venenos.

Grite, fique com raiva, bata em um travesseiro, e ficará surpreso. Depois de bater em um travesseiro, se sentirá muito bem. Algo na mente foi liberado. Não importa se você bater no namorado, no marido ou no travesseiro. O travesseiro será tão perfeito quanto o marido, porque o corpo não sabe em quem você está batendo. Apenas assuma a postura de bater e a mente começa a liberar raiva. Mente e corpo colaboram.

Comece com a catarse, e assim se esvaziará de todo o lixo acumulado em seu interior desde a infância. Estava zangado, mas não podia estar porque sua mãe ficava furiosa se você ficasse zangado, então, sua raiva sempre foi reprimida. Estava zangado, queria gritar, mas não podia gritar; pelo contrário, sorria. Tudo que está acumulado dentro de você tem de ser jogado fora. E, então, aguarde... O silêncio começará a descer sobre você. Esse silêncio tem uma beleza própria. É totalmente diferente; sua qualidade é diferente, sua profundidade é diferente.

Técnicas

1. Meditação Gibberish — esvaziando o lixo mental

Talvez você não durma bem à noite. Pouquíssimas pessoas dormem bem; e quando você não dorme bem, fica um pouco cansado durante o dia. Se for o seu caso, faça algo em relação ao seu sono. Ele precisa ser mais profundo. O tempo de duração do seu sono não é o ponto importante. Você pode dormir oito horas, mas se não for um sono profundo ainda sentirá fome de sono, estará faminto. O importante é a profundidade.

Experimente esta pequena técnica todas as noites, antes de dormir, que o ajudará bastante. Apague as luzes, sente-se na cama, pronto para dormir, mas fique sentado por 15 minutos. Feche os olhos e comece qualquer som monótono, como lá-lá-lá, e espere até a mente suprir novos sons. Lembre-se apenas de que esses sons ou palavras não devem ser em nenhum idioma que você conheça. Se sabe inglês, alemão, italiano, não podem ser em italiano, alemão ou inglês. Qualquer idioma que você não conheça é permitido: tibetano, chinês, japonês. Mas se você sabe japonês, então, ele não é permitido; italiano, nesse caso, será maravilhoso.

Fale qualquer idioma que você não conheça. Achará difícil por alguns segundos no primeiro dia: como falar uma língua que você não conhece? Ela pode ser falada, uma vez começada... Emita quaisquer sons, palavras absurdas, apenas para desligar o consciente e permitir que o inconsciente fale. Quando o inconsciente fala, ele não conhece língua alguma.

É um método muito, muito antigo, e vem do Antigo Testamento. Naqueles tempos, era chamado de "glossolália", e algumas igrejas ainda o usam. Chamam-no de "falar em línguas". E é um método maravilhoso, um dos mais profundos e penetrantes do inconsciente. Você começa dizendo "Lá, lá, lá" e, depois, qualquer coisa que sair. Apenas no primeiro dia você sentirá que é um pouco difícil. Assim que começar, terá a aptidão. E, então, por 15 minutos, use a língua que lhe ocorrer; e use-a *como* um idioma, como se estivesse falando nessa língua. Relaxará o consciente de uma maneira muito profunda.

Faça isso por 15 minutos e, então, simplesmente deite-se e durma. Seu sono será mais profundo. Depois de algumas semanas, sentirá profundidade no sono; e pela manhã estará completamente disposto.

2. Comece o dia com uma risada
Não abra os olhos assim que acordar. Quando sentir que o sono passou, comece a rir na cama.

Nos primeiros dois ou três dias, será difícil; mas, por fim, acontece, e acontece como uma explosão. De início, é difícil, porque você se sente um idiota: por que está rindo? Não há motivo. Mas, pouco a pouco, se sentirá tolo e começará a rir dessa tolice e, então, a risada o domina. É irreprimível. Você ri de todo o absurdo. E outra pessoa, sua esposa, sua namorada ou seu vizinho, talvez comece a rir, vendo que você é um bobo, e isso o ajudará. A risada pode se tornar epidêmica.

3. Um dispositivo para centralização

Você já está integrado. Não na periferia. Na periferia há muito tumulto; na periferia, você é fragmentado. Mova-se para o interior, e quanto mais fundo mergulhar, mais perceberá que está integrado. Chega um momento, no santuário mais profundo e íntimo de seu ser, em que você se descobre uma unidade, uma unidade absoluta. Portanto, é apenas uma questão de descoberta.

Como descobrir isso? Há uma técnica muito simples, mas, no começo, parece muito difícil. Se tentar, você verá que é simples. Se não tentar e apenas pensar nela, parecerá dificílima. A técnica é fazer somente aquilo de que você gosta. Se não gosta de uma coisa, não a faça. Tente, porque gostar é um sentimento que vem de seu centro. Ao fazer algo que aprecia, você começa a se religar com o centro. Ao fazer algo de que não gosta, se desliga do centro. A alegria brota do centro e de nenhum outro lugar. Que seja, então, um critério; e fique fanático por isso.

Você está caminhando por uma rua; de repente, percebe que não gosta da caminhada. Pare. Chega, não deve mais fazer isso.

Eu costumava agir assim em meus tempos de universidade, e as pessoas achavam que eu era louco. De repente, parava e ficava naquele ponto por meia hora, uma hora, até gostar de caminhar de novo. Se estivesse tomando banho na banheira e, de repente, percebesse que não estava gostando, eu parava. De que adiantava continuar? Se estivesse comendo e percebesse que não gostava da comida, parava. Meus professores ficaram tão preocupados que, quando havia testes, colocavam-me em um carro e me levavam para a universidade. Deixavam-me na porta do corredor e esperavam para ver se eu chegaria até minha carteira ou pararia no meio da sala.

Comecei a estudar matemática no colégio. No primeiro dia, entrei e o professor estava começando a matéria. No meio, levantei-me e tentei sair. Ele perguntou:

— Para onde vai? Se sair sem pedir, não permitirei que volte.

— Não vou voltar, não se preocupe. Foi por isso que não pedi. Acabou. Não estou gostando! Vou procurar outra matéria, que me agrade, porque, se não gosto de uma coisa, não faço. É tortura, é violência.

Aos poucos, aquilo se tornou uma chave. Percebi, de repente, que sempre que uma pessoa gosta de algo, ela está centrada. Gostar é, na verdade, o som de se estar centrado. Sempre que você não gosta de uma coisa, está fora do centro. Nesse caso, não force; não há necessidade. Se as pessoas acharem que você é louco, deixe que pensem isso. Em poucos dias, por sua experiência, você descobrirá o que estava perdendo. Fazia mil e uma coisas das quais jamais gostou, e as fazia porque foi ensinado a fazer. Estava apenas cumprindo seus deveres.

As pessoas destruíram até mesmo algo tão lindo como o amor. Você chega em casa e beija seu marido porque tem de ser assim, precisa ser feito. Ora, uma coisa bonita como um beijo, uma coisa como uma flor, foi destruída. Pouco a pouco, sem gostar, você segue beijando seu marido; acabará se esquecendo da alegria de beijar outro ser humano. Dá a mão a qualquer pessoa que conhece. Um aperto frio, sem significado, sem mensagem, sem calor. Mãos mortas se apertando e dizendo olá. Você aprende esse gesto morto, esse gesto frio. Torna-se congelado, vira um cubo de gelo. E depois pergunta: "Como entro em contato com meu centro?"

O centro está disponível quando você é caloroso, quando você flui, se dissolve, se apaixona, está em êxtase, dança, se deleita. Depende de você. Continue fazendo o que ama e aprecia. Se não gosta de algo, pare de fazê-lo. Encontre outra coisa, da qual gosta. Deve haver alguma coisa. Nunca conheci uma pessoa que não gostasse de nada. Há pessoas que podem não gostar de uma coisa ou outra, mas a vida é vasta. Não fique comprometido; fique em movimento. Deixe que haja mais fluxo de energia. Deixe-a fluir, deixe a energia se encontrar com outras energias, que o cercam. Logo verá que o seu problema era ter se esquecido de fluir. Em energia fluídica, você subitamente se torna integrado. Às vezes, acontece acidentalmente, mas pelo mesmo motivo.

Às vezes, você se apaixona por uma mulher, ou um homem, e, de repente, se sente integrado; de repente, sente-se inteiro pela primeira vez. Seus olhos têm brilho, seu rosto emite uma radiância e seu intelecto não está mais estagnado. Algo começa a arder em seu ser; surge uma canção, seus passos adquirem uma qualidade de dança agora. Você é um ser totalmente diferente.

Mas esses são momentos raros, porque não aprendemos o segredo. O segredo é que existe algo que você começou a apreciar. Esse é o segredo. Um pintor pode estar com fome e pintando, mas você ainda verá que o rosto dele revela contentamento. Um poeta pode ser pobre, mas quando canta sua canção, é o homem mais rico do mundo. Ninguém é mais rico que ele. Qual é o segredo disso? O segredo é que ele está curtindo o momento. Sempre que você gosta de algo, sintoniza-se consigo mesmo e com o universo, porque seu centro é o centro de tudo.

Portanto, que esse entendimento seja uma chave para você. Faça apenas aquilo de que gosta; se não gostar, pare de fazê-lo. Se estiver lendo um jornal e, no meio, perceber que não gosta do que lê, não adianta continuar. Por que está lendo? Pare imediatamente. Se estiver conversando com uma pessoa e no meio da conversa perceber que não está gostando, mesmo que já tenha dito meia frase, pare no mesmo instante. Não está gostando, então, não é obrigado a continuar. No começo parecerá um pouco esquisito. Mas todo mundo é um pouco esquisito; por isso, não vejo problema. Pode praticar.

Em poucos dias você fará muitos contatos com seu centro e, então, entenderá a que me refiro quando repito várias vezes que aquilo que você busca já existe dentro de você. Não está no futuro. Nada tem a ver com o futuro. Já está aqui, agora; já existe.

4. Correr, fazer jogging e nadar
É natural e fácil se manter alerta enquanto se está em movimento. Quando se senta em silêncio, o natural é adormecer. Quando está deitado na cama, é muito difícil permanecer alerta, porque a situação conduz ao sono. Mas, no movimento, você não pode, naturalmente, adormecer; funciona de uma maneira mais alerta. O único problema é que o movimento pode se tornar mecânico.

* * *

Aprenda a fundir corpo, mente e alma. Encontre um modo de funcionar como unidade.

Acontece várias vezes com corredores. Correr pode não parecer uma meditação, mas os corredores, às vezes, passam por uma tremenda experiência de meditação. E ficam surpresos porque não estavam procurando por isso. Quem pensaria que um corredor vai experimentar Deus? Mas acontece. E hoje, cada vez mais, correr se torna uma nova espécie de meditação. Pode acontecer durante a própria corrida.

Se você já foi corredor, se já gostou de correr bem cedo pela manhã, quando o ar é fresco e jovem e o mundo inteiro está voltando do sono, despertando... Você corria e seu corpo funcionava lindamente, o ar fresco, o mundo novo renascendo da escuridão da noite, tudo cantando à sua volta, você se sentindo vivo... Chega um momento em que o corredor desaparece e só existe o correr. Corpo, mente e alma começam a funcionar juntos; de repente, surge um orgasmo interior.

Às vezes, os corredores, acidentalmente, experimentam um estado em que a mente desaparece e resta apenas a consciência pura, embora eles tendam a não compreender. Pensam que desfrutaram o momento apenas por causa do ato de correr: o dia estava bonito, o corpo, saudável, e o mundo, belo; era apenas uma disposição de espírito. Geralmente, não percebem o que acontece, mas, às vezes, sim. Observo que um corredor pode chegar mais perto da meditação e com mais facilidade que qualquer outra pessoa.

Fazer jogging pode ser de imensa ajuda, nadar pode ser de imensa ajuda. Todas essas coisas precisam ser transformadas em meditações.

Esqueça-se da ideia antiga de meditação, de que se sentar em posição de ioga sob uma árvore é meditação. Esse é apenas um dos modos, e pode ser apropriado para algumas pessoas, mas não para todas. Para uma criança pequena não é meditação, é tortura. Para um jovem ativo e vibrante, é repressão, não meditação.

* * *

Comece a correr de manhã. Comece com um quilômetro e, depois, um e meio, até conseguir uns oito quilômetros. Enquanto corre, use o corpo inteiro; não corra como se vestisse uma camisa de força. Corra como uma criancinha, usando o corpo inteiro, mãos e pés, e corra. Respire fundo, e a partir da barriga. Depois, sente-se sob uma árvore, descanse, transpire e deixe chegar a brisa fresca; sinta a paz. Isso ajudará muito.

* * *

Às vezes, apenas fique de pé na terra, sem sapatos, e sinta o frio, a maciez, o calor. Sinta o que quer que a terra estiver pronta para dar no momento, e deixe fluir através de você. Deixe sua energia fluir para a terra também. Ligue-se a ela.
Se está ligado à terra, você está ligado à vida. Se está ligado à terra, está ligado a seu corpo. Se estiver ligado à terra, se tornará muito sensível e centrado; e é disso que você precisa.

* * *

Nunca se torne um especialista em correr; continue sendo um amador, de modo que consiga manter o alerta. Caso sinta algumas vezes que a corrida se tornou automática, pare; tente nadar. Se isso também se tornar automático, experimente dançar. É importante lembrar que o movimento é apenas uma situação para criar percepção. Enquanto a criar, tudo bem. Se parar de criar percepção, não serve mais; mude para outro movimento, durante o qual você terá de ficar alerta novamente. Nunca deixe atividade alguma se tornar automática.

* * *

Meditações ativas de OSHO

Jamais instruo as pessoas a começar sentadas. Comece onde o começo for fácil. Do contrário sentirá muitas coisas desnecessárias, coisas que, na verdade, não existem.

Se começar sentado, sentirá grande perturbação por dentro. Quanto mais tentar, apenas sentado, maior será a perturbação. Você só tomará consciência de sua mente insana e nada mais. Criará depressão e frustração; não se sentirá bem. Pelo contrário, se sentirá insano. E, às vezes, poderá de fato ficar insano!

Se fizer um esforço sincero de "apenas sentar", poderá realmente ficar insano. A insanidade só não ocorre com maior frequência porque as pessoas não tentam sinceramente. Em uma postura sentada, você começa a conhecer tanta loucura por dentro que, se for sincero e continuar, poderá realmente ficar insano. Já aconteceu muitas vezes. Por isso, nunca sugiro algo que possa criar frustração, depressão, tristeza, coisas que lhe permitirão ter consciência de sua insanidade. Você pode não estar pronto para se conscientizar de toda a insanidade que reside em seu ser.

Precisa conhecer certas coisas gradualmente. O conhecimento nem sempre é bom. Deve ser desenvolvido lentamente, na medida em que cresce sua capacidade de absorvê-lo. Eu começo com sua insanidade, não com uma postura sentada. Permito sua insanidade. Se você dança loucamente, acontece o oposto em seu interior. Com uma dança louca, você começa a se conscientizar de um ponto silencioso em seu interior; sentado em silêncio, conscientiza-se da loucura. O oposto é sempre o ponto da conscientização.

Com uma dança louca, caótica, com choro, com respiração caótica, permito sua loucura. Então, você começa a perceber um ponto sutil, um ponto profundo, lá dentro, que é silencioso e calmo, em contraste com a loucura na periferia. Vai se sentir em bem-aventurança: existe em seu centro um silêncio interior. Mas, se estiver apenas sentado, o interior é louco. Você está em silêncio por fora, mas por dentro é louco.

Se começar com algo ativo, algo positivo, vivo, movimentado, será melhor. Assim, começará a sentir uma quietude interior crescendo. Quanto mais crescer, mais será possível usar uma postura sentada ou deitada, e a meditação mais silenciosa será possível. Mas, então, as coisas serão diferentes, muito diferentes.

Uma técnica de meditação que começa com movimento, ação, o ajuda em muitos outros sentidos também. Torna-se uma catarse. Quando está apenas sentado, você fica frustrado: sua mente quer se mexer e você está sentado. Cada músculo se move, cada nervo se move. Você está tentando forçar em si próprio algo que não lhe é natural. Dividiu-se entre aquele que força e o que é forçado. E na verdade a parte que é forçada e suprimida é a mais autêntica; uma parte de sua mente que seja mais importante que a parte supressora, e essa parte mais importante é a que vencerá.

O que está sendo suprimindo, certamente, deve ser colocado para fora, não suprimido. Há um acúmulo em seu interior porque você o suprime constantemente. Toda a sua criação, a civilização, a educação, são supressoras. Você vem suprimindo muito do que poderia facilmente ter sido jogado fora com uma educação diferente, com uma educação mais consciente, uma paternidade e maternidade mais cientes. Com uma percepção melhor do mecanismo interno da mente a cultura teria permitido que você jogasse muitas coisas fora.

Por exemplo, quando uma criança fica com raiva, lhe dizemos: "Não fique brava." Ela começa a suprimir a raiva. Aos poucos, o que era um acontecimento momentâneo torna- se permanente. Agora, ela não age com raiva, mas continua sentindo-a. Nós acumulamos muita raiva a partir de coisas apenas momentâneas. Ninguém pode sentir raiva continuamente, a menos que a raiva seja suprimida. Raiva é algo momentâneo, que vem e vai; se for manifestada, a pessoa não a sente mais. Eu permitiria que a criança ficasse zangada de maneira mais autêntica. Fique bravo, mas entre fundo na raiva. Não a suprima. Claro que haverá problemas. Se dissermos "Fique bravo", você ficará bravo com alguém. Mas uma criança pode ser moldada. Alguém pode lhe dar um travesseiro e dizer "Fique bravo com o travesseiro. Seja violento com o travesseiro". Desde o começo, a criança pode ser educada de maneira que a raiva seja canalizada. Pode receber algum objeto e jogar esse objeto para lá e para cá, até a raiva passar. Em poucos minutos, poucos segundos, terá dissipado a raiva e não haverá acúmulo dela.

Você acumula raiva, sexo, violência, ganância, tudo. Esse acúmulo é uma loucura em seu interior. Está lá, dentro de você.

Se começar com alguma meditação supressiva, apenas se sentando, por exemplo, estará suprimindo tudo aquilo, não deixando que se liberte. Por isso, começo com uma catarse. Primeiro, deixe as supressões serem atiradas no ar. E quando você consegue atirar a raiva no ar, torna-se maduro.

Meditação dinâmica de OSHO

Esta meditação é um modo rápido, intenso e completo de quebrar paradigmas incutidos na mente-corpo que mantêm a pessoa presa no passado, e de se experimentar a liberdade, o testemunho, silêncio e paz, que se ocultam por trás das muralhas da prisão.

A meditação deve ser feita bem cedo de manhã, quando "toda a natureza se torna viva, a noite se foi, o sol está nascendo e tudo se torna consciente e alerta".

Você pode fazer essa meditação sozinho, mas para começar pode ser útil fazê-la com outras pessoas. É uma experiência individual; por isso, não se preocupe com os outros à sua volta. Use roupas frouxas, confortáveis.

Esta meditação deve ser feita com música específica para Meditação Dinâmica de OSHO, que indica e apoia energeticamente os diferentes estágios. Para mais detalhes, veja o Apêndice.

Leva tempo. Pelo menos três semanas são necessárias para dominá-la, e três meses para entrar em um mundo diferente. Mas isso também não é fixo. Varia de um indivíduo para outro. Se sua intensidade for muito boa, pode acontecer em três dias.

Instruções

A meditação dura uma hora e tem cinco estágios. Mantenha os olhos fechados o tempo todo, usando uma venda, se necessário.

Esta é uma meditação na qual você tem de estar continuamente alerta, consciente, perceptivo, faça o que fizer. Seja uma testemunha. E no quarto estágio, quando se tornar completamente inativo, congelado, esse alerta atingirá o pico.

PRIMEIRO ESTÁGIO: DEZ MINUTOS
Respire caoticamente pelo nariz, deixando que a respiração seja intensa, profunda, rápida, sem ritmo, sem padrões, concentrando-se sempre na exalação. O corpo cuidará da inalação. Deve respirar fundo, até os pulmões. Faça isso o mais rápido e profundamente que conseguir, até se tornar, literalmente, a própria respiração. Use os movimentos naturais do corpo para ajudar a fazer crescer a energia. Sinta-a crescendo, mas não se solte durante o primeiro estágio.

SEGUNDO ESTÁGIO: DEZ MINUTOS
EXPLODA! Livre-se de tudo que precisa ser jogado fora. Acompanhe seu corpo. Dê ao corpo liberdade para expressar

tudo o que estiver lá. Fique totalmente louco. Grite, berre, chore, pule, chute, balance, dance, cante, ria; jogue-se para lá e para cá. Não reprima nada; faça o corpo inteiro se mexer. Um pouco de encenação ajuda, no começo. Nunca deixe a mente interferir no que estiver acontecendo. Fique conscientemente louco. Seja inteiro.

Terceiro estágio: dez minutos
Com os braços erguidos acima da cabeça, pule várias vezes gritando o mantra "Hoo! Hoo! Hoo!" [pronuncia-se Huuu....] o mais profundamente possível. Sempre que os pés tocarem o chão, pela sola, permita que o som repercuta profundamente no centro sexual. Dê tudo o que tiver: fique completamente exausto.

Quarto estágio: 15 minutos
PARE! Congele onde estiver, em qualquer posição que estiver. Não arrume o corpo. Uma tosse, um movimento, qualquer coisa, dissipa o fluxo de energia e o esforço se perde. Seja testemunha de tudo o que está lhe acontecendo.

Quinto estágio: 15 minutos
Comemore! Com música e dança, expresse tudo o que estiver lá. Carregue consigo essa vivacidade o dia inteiro.

Observação: Se seu espaço de meditação impedi-lo de fazer barulho, você pode usar esta alternativa silenciosa: em vez de jogar para fora sons, deixe a catarse do segundo estágio ocorrer inteiramente por movimentos físicos. No terceiro estágio, o som Hoo! pode ser emitido em silêncio, por dentro, e o quinto estágio pode se tornar uma dança expressiva.

Alguém comentou que nossa meditação parece loucura total. E é! E é assim por um motivo. É loucura com um método; é conscientemente escolhida. Lembre-se que você não pode ficar louco voluntariamente. A loucura toma posse de você. Só então você pode ficar louco. Ficar louco voluntariamente é algo totalmente diferente. Terá o controle básico, e aquele que consegue controlar até sua loucura nunca ficará louco.

Meditação Kundalini de OSHO

Esta "meditação irmã" da Meditação Dinâmica é mais bem-aproveitada durante o pôr do sol, ou no fim da tarde. Estar totalmente imerso no balanço e na dança dos dois primeiros estágios ajuda a "dissolver" o estado de rocha, sempre que o fluxo de energia estiver reprimido e bloqueado. Assim, essa energia pode fluir, dançar e se transformar em bem-aventurança e alegria. Os últimos dois estágios possibilitam que essa energia flua verticalmente, desloque-se para cima, em silêncio. É um modo altamente eficaz de se soltar e se libertar, no fim do dia.

Esta meditação deve ser feita com música específica para Meditação Kundalini de OSHO, que indica e apoia energeticamente os diferentes estágios. Para mais detalhes, veja o Apêndice.

Instruções

A meditação dura uma hora e tem quatro estágios.

PRIMEIRO ESTÁGIO: 15 MINUTOS
Solte-se e deixe todo o corpo balançar, sentindo a energia subir, a partir dos pés. Solte-se por inteiro e torne-se o próprio balanço. Pode permanecer com os olhos abertos ou fechados.

Segundo estágio: 15 minutos
Dance do jeito que quiser, e deixe o corpo se mexer como quiser.
Pode ficar com os olhos abertos ou fechados.

Terceiro estágio: 15 minutos
Feche os olhos e fique quieto, sentado ou de pé, testemunhando o que está acontecendo por dentro e por fora.

Quarto estágio: 15 minutos
Com os olhos fechados, deite-se e fique quieto.

Observação: No quarto estágio, pode ficar sentado, se preferir.

Permita o balanço, *não o faça*! Fique de pé, em silêncio, sinta-o chegando, e quando o corpo começar a tremer um pouco, ajude-o, não *faça* o balanço. Aproveite-o, sinta-se glorioso nele, permita que aconteça, receba, dê as boas-vindas, mas não o deseje.

Se forçar o balanço, será um exercício, um exercício físico. Será um balanço do corpo, mas apenas na superfície. Não penetrará em você. Você permanecerá sólido, pedregoso, duro como rocha por dentro. Continuará sendo o manipulador, o fazedor, e o corpo apenas o seguirá. O corpo não é ponto importante, *você* é.

Quando digo balançar, quero dizer que sua solidez, seu estado de rocha, deve balançar até as próprias fundações, tornando-se líquido, fluídico, derretido. E quando o estado de rocha se torna líquido, seu corpo o segue. Não há o agente, só o balanço; ninguém está fazendo nada, simplesmente está acontecendo. O fazedor já não existe.

Meditação Nadabrahma de OSHO
Nadabrahma é a meditação da entoação. Entoando e fazendo movimentos com as mãos, partes conflitantes suas começam a entrar em sintonia, e você leva harmonia a todo o seu ser. Assim, com corpo e mente totalmente juntos, você "escapa do jugo deles" e se torna testemunha de ambos. Essa observação, a partir de fora, é o que propicia paz, silêncio e bem-aventurança.

Esta meditação deve ser feita com música específica para Meditação Nadabrahma de OSHO, que indica e apoia energeticamente os diferentes estágios. Para mais detalhes, veja o Apêndice.

Instruções

A meditação dura uma hora e tem três estágios. Mantenha os olhos fechados o tempo todo.

PRIMEIRO ESTÁGIO: TRINTA MINUTOS
Sente-se em posição relaxada, com os olhos fechados e os lábios juntos. Comece a entoar, alto o suficiente, de modo que se houvesse alguém sentado ao seu lado esse alguém o ouviria, e crie uma vibração por todo o corpo. Pode visualizar um tubo oco ou um recipiente vazio, que se enche apenas com as vibrações da entoação. Chega um ponto em que a entoação continua, sozinha, e você se torna o ouvinte. Não há uma respiração especial, e você pode alterar o timbre ou mexer o corpo suavemente, devagar, se sentir que isso acontece naturalmente.

SEGUNDO ESTÁGIO: 15 MINUTOS
O segundo estágio se divide em duas partes de sete minutos e meio. Na primeira metade, mexa as mãos, com a palma para

cima, em um movimento circular para fora. Comece à altura do umbigo, ambas as mãos se movendo para a frente, e, depois, divida para fazer dois círculos grandes que se espelham, esquerda e direita. O movimento deve ser tão lento que em alguns momentos nem parecerá que há movimento. Sinta que está dando energia ao universo.

Quando a música mudar, depois de sete minutos e meio, vire as palmas das mãos para baixo e comece a movê-las na direção oposta. Agora, as mãos se juntam, em direção ao umbigo, e se dividem para fora, pelos lados do corpo. Sinta que está absorvendo energia.

Como no primeiro estágio, não iniba nenhum movimento suave, lento, que venha do resto do corpo.

TERCEIRO ESTÁGIO: 15 MINUTOS
Agora pare os movimentos das mãos e só fique sentado, relaxado.

Meditação Nadabrahma de OSHO para casais
Há uma variação da técnica para casais. Enquanto os dois entoam, surgem entre eles harmonia e sensibilidade, e, aos poucos, eles se tornam intuitivos, ambos funcionando em um único comprimento de onda.

Instruções

Os parceiros se sentam de frente um para o outro, cobertos por um lençol e segurando as mãos cruzadas um do outro. É melhor não usar nenhuma outra roupa. Ilumine o ambiente apenas com quatro velas pequenas e queime um incenso específico para esta meditação.

Fechem os olhos e entoem juntos por trinta minutos. Algum tempo depois, sentirão as energias se encontrando, se mesclando e unindo.

Se for feita do jeito certo, todo o seu cérebro se torna vibrante, bem como o corpo. Quando o corpo começa a vibrar e a mente já estiver entoando, corpo e mente entram em sintonia, uma harmonia que normalmente não existe entre eles.

Nesta meditação, lembre-se: deixe o corpo e a mente ficarem totalmente juntos, mas lembre que você se tornou uma testemunha. Saia deles, tranquilamente, lentamente, pela porta dos fundos, sem luta, sem esforço.

Meditação Nataraj de OSHO
Nataraj é a energia da dança. É dança como meditação total, quando toda divisão interior desaparece, só permanecendo uma percepção sutil, relaxada.

Esta meditação deve ser feita com música específica para Meditação Nataraj de OSHO, que indica e apoia energeticamente os diferentes estágios. Para mais detalhes, veja o Apêndice.

Instruções

A meditação dura 65 minutos e tem três estágios.

PRIMEIRO ESTÁGIO: QUARENTA MINUTOS
Com os olhos fechados, dance como se estivesse possuído. Deixe o inconsciente assumir o controle total. Não controle os movimentos nem seja testemunha do que está acontecendo. Apenas esteja integralmente na dança.

SEGUNDO ESTÁGIO: VINTE MINUTOS
Com os olhos ainda fechados, deite-se imediatamente. Fique imóvel e em silêncio.

TERCEIRO ESTÁGIO: CINCO MINUTOS
Dança em comemoração e alegria. Quando estiver dançando, seja a *dança*, não o dançarino; e chegará o momento em que será apenas o movimento, quando não haverá divisão. Essa consciência não dividida é a meditação.

Posfácio

Comece a ficar alerta com ações diárias, rotineiras, e enquanto realizar essas ações, permaneça relaxado. Não há necessidade de ficar tenso. Quando está lavando o chão, para que ficar tenso? Ou, quando estiver cozinhando, para que ficar tenso? Nada na vida exige sua tensão. É apenas sua falta de percepção e sua impaciência.

Vivi de todas as maneiras, com todos os tipos de pessoas. E sempre me intriguei: por que estão tensas?

Parece que a tensão nada tem a ver com algo fora de você, mas sim com algo interno. Você só encontra uma desculpa fora porque parece muito idiota ficar tenso sem motivo. A fim de racionalizar isso, você encontra alguma razão externa para explicar por que está tenso.

Mas a tensão não está fora de você. Ela se encontra em seu estilo de vida incorreto. Você vive em competição, e isso cria tensão. Vive em contínua comparação, e isso cria tensão. Está sempre pensando no passado ou no futuro, perdendo o presente, que é a única realidade, e isso cria tensão.

É uma questão de simples entendimento. Não é necessário competir com ninguém. Você é você mesmo; e do modo que é, está perfeitamente bom.

Aceite-se.

É assim que a existência quer que você seja. Algumas árvores são mais altas; outras, mais baixas. Mas as árvores menores não estão tensas; tampouco estão as mais altas cheias de ego. A existência precisa de variedade. Alguém é mais forte que você; alguém é mais inteligente que você, mas, de alguma maneira, você será mais talentoso que outra pessoa.

Apenas encontre o seu talento. A natureza nunca envia um indivíduo sem um dom exclusivo. Procure um pouco. Talvez você seja melhor tocando flauta do que o presidente é atuando como presidente; é um flautista melhor do que ele é presidente.

Não há motivo para comparações. A comparação desvirtua as pessoas. A competição as mantém continuamente tensas, e como a vida delas é vazia, nunca vivem para o momento. A única coisa que fazem é pensar no passado, que não existe mais, ou projetar para o futuro, que ainda não chegou.

Tudo isso deixa as pessoas quase insanas. Não há necessidade; nenhum animal fica louco, nenhuma árvore precisa de psicanálise. Toda a existência vive em constante celebração, exceto os seres humanos. Sentam-se apáticos, tensos, preocupados.

A vida é curta, e você a está perdendo; e a cada dia a morte chega mais perto. Isso cria ainda mais angústia: "A morte está mais perto e nem comecei a viver." As pessoas, em sua maioria, só percebem que estavam vivas no momento da morte, mas aí já é tarde.

Apenas viva o momento.

E quaisquer qualidades e quaisquer talentos que tiver, use-os plenamente.

Um dos místicos da Índia, Kabir, era tecelão. Tinha milhares de seguidores e ainda continuava tecendo. Até os reis eram seus seguidores. O rei de Varasani comentou:

— Mestre, não fica bem. Sentimo-nos constrangidos. Podemos cuidar de você. O mestre não precisa tecer roupas nem ir ao mercado todos os dias para vendê-las. Pense em nós! As pessoas pensam que não cuidamos de você.

Kabir respondeu:

— Entendo seu problema, mas eu só tenho um talento, que é tecer roupas belas. Se parar, o que farei? E todas as semanas Deus vem, com rostos diferentes, corpos diferentes, para comprar roupas no mercado.

Ele dizia a cada freguês: "Senhor, tome muito cuidado com o pano. Eu o teci não como qualquer outro tecelão. Minhas canções estão aí e aí também está minha alma. Derramei na roupa todo o meu ser. Seja cuidadoso, use a roupa com carinho e amor, e lembre-se: Kabir a teceu especialmente para você, Senhor." Ele não dizia isso apenas a alguns, mas a todos os seus fregueses.

Essa era sua contribuição. Ele costumava dizer a seus discípulos: "O que mais posso fazer? Estou dando meu melhor: sei tecer, sei cantar, sei dançar, e vivo imensamente satisfeito."

O que você fizer, se estiver satisfeito e sentir que toda esta existência nada mais é que a manifestação do divino, que viajamos sobre a terra santa, que quando conhece uma pessoa, está conhecendo Deus... Se sentir que não há outro jeito, apenas os rostos são diferentes, mas a realidade interna é a mesma, todas as suas tensões desaparecerão. E a energia envolvida na tensão começará a se tornar sua graça, sua beleza.

A vida, enfim, não será apenas uma existência comum, rotineira, diária, mas uma dança, do nascimento até a morte. E a existência será imensamente enriquecida por sua graça, por seu relaxamento, por seu silêncio, por sua percepção. Você não sairá do mundo sem deixar sua valiosa contribuição nele.

Mas as pessoas estão sempre olhando para os outros, para o que outros estão fazendo. Alguém toca flauta e você não sabe tocar, e imediatamente vem a amargura; alguém pinta um quadro e você não sabe pintar, e vem a amargura.

O que quer que esteja fazendo, faça com amor, com tamanho esmero que a menor coisa do mundo se tornará uma obra de arte. Isso lhe trará grandiosa alegria. E criará um mundo sem competição, sem comparação; dará dignidade a todas as pessoas; trará de volta o orgulho delas.

Todo ato feito com totalidade se torna sua oração.

The Hidden Splendor, #11

Apêndice

**RECURSOS ON-LINE E
BIBLIOGRAFIA RECOMENDADA**

Links para os sites mais importantes
A música de meditação e outros materiais de apoio mencionados neste livro estão acessíveis em uma variedade de editoras e distribuidoras por todo o mundo. Muitas delas estão listadas em osho.com/shop. Acesse também osho.com/allaboutosho e imediate.osho.com.

Meditações Ativas de OSHO
Grande parte da música de apoio das Meditações Ativas de OSHO foi composta sob a direção de Osho, e uma vez finalizada a instrução dada por ele, a música deve permanecer a mesma, não devendo ser alterada de modo algum. A música para cada meditação específica foi composta especialmente para aquela meditação.

Instruções em áudio e vídeo para as Meditações Ativas de OSHO e as Meditações OSHO estão disponíveis em osho.com/meditation e em imediate.osho.com. Para participar ao vivo de casa faça o log-in em imediate.osho.com.

OSHO Talks: Silence Shared in Words (Palestras de OSHO: o silêncio compartilhado em palavras)
Quase toda a série OSHO Talks foi publicada em livros. Cada uma das falas está disponível em gravações de áudio e, além delas, uma seleção de OSHO Talks pode ser encontrada em formato de vídeo.

Bibliografia recomendada de Osho
Os livros de Osho foram traduzidos para, pelo menos, cinquenta idiomas. A seguir estão listados alguns dos títulos em inglês sobre meditação que recomendamos especificamente para suas próximas leituras.

Meditation: The First and Last Freedom
Um guia prático para as meditações de OSHO

Meditation: The First and Last Freedom contém orientações práticas, passo a passo, para uma variedade de técnicas de meditação selecionadas por e/ou criadas por Osho, incluindo a singular Meditação Ativa de OSHO, que lida com as tensões específicas da vida contemporânea.

The Book of Secrets
112 meditações para descobrir o mistério interior

Osho descreve cada método a partir de todos os ângulos possíveis e sugere que você o pratique por três dias, caso se interesse por algum deles. Se considerá-lo adequado para você, se houver uma conexão, continue a praticá-lo por três meses.

Pharmacy for the Soul
Uma coletânea de exercícios de meditação, relaxamento e percepção, e outras práticas para o bem-estar físico e emocional.

Uma seleção de métodos de percepção e meditação extraída das diversas conversas individuais de Osho com pessoas de diferentes lugares do mundo. A seleção inclui exercícios de meditação, risada e respiração, vocalizações, visualizações, cânticos e muito mais.

Learning to Silence the Mind
Bem-estar por meio da meditação

Segundo Osho, a mente tem o potencial de ser extremamente criativa ao lidar com os desafios do dia a dia. Se ao menos existisse um meio de desligá-la e deixá-la descansar! Encontrar o interruptor que pode silenciar a mente por meio de entendimento, vigilância e um saudável senso de humor — isso é meditação.

Body Mind Balancing
Usando a mente para curar o corpo

Este livro é de grande ajuda para que aprendamos a falar, ouvir e nos religar ao nosso corpo, e também para compreendermos profundamente a unidade do corpo, da mente e do ser. Segundo Osho, a percepção do corpo é o ponto de partida mais fácil. A Terapia Meditativa de OSHO e o processo de relaxamento, "OSHO Reminding Yourself of the Forgotten Language of Talking to Your BodyMind" (OSHO relembrando-nos da esquecida linguagem para conversar com nossa mente-corpo) é um CD de áudio que acompanha o livro.

From Meditation to Meditation
Como a meditação dá suporte à saúde física e psicológica

Osho requisitou e intitulou esta coletânea de entendimentos sobre aquilo que torna o ser humano saudável e pleno. O livro inclui muitos dos métodos de meditação de Osho.

Mindfulness in the Modern World
Como posso tornar a meditação parte da minha vida diária?

Em *Mindfulness in the Modern World* Osho nos ajuda a explorar tanto os obstáculos internos quanto os externos, que nos impedem de trazer mais percepção a todas as atividades diárias. Ele ressalta que, embora as técnicas sejam úteis para apontar o caminho, elas, em si, não são meditação. Pelo contrário, a meditação — ou *mindfulness,* mente aberta — é, no fim das contas, um estado de ser no qual somos capazes da ação tanto quanto da quietude, de trabalhar e brincar, bem como de estar plenamente presentes em cada momento da vida.

Sobre Osho

A singular contribuição de Osho para o entendimento de quem somos desafia qualquer categorização. Místico e cientista, um espírito rebelde cujo único interesse é alertar a humanidade da necessidade urgente de descobrir um novo modo de viver. Continuar como antes é um convite a ameaças à nossa própria sobrevivência neste planeta especial e belo.

O ponto-chave dos ensinamentos de Osho é que somente mudando a nós mesmos, um indivíduo de cada vez, também o resultado de tudo o que é nosso: sociedade, culturas, crenças, mundo, mudará. O caminho para essa mudança é a meditação.

O cientista Osho experimentou e analisou cuidadosamente todas as abordagens do passado, examinou os efeitos delas sobre o ser humano moderno, e respondeu às suas deficiências criando um novo ponto de partida para a mente hiperativa do século XXI: as Meditações Ativas de OSHO.

Quando a agitação da vida moderna começa se assentar, a "atividade" pode se dissolver em "passividade", a chave que ativa a real meditação. Como ponto de apoio para esse passo seguinte Osho transformou a antiga "arte de escutar" em uma metodologia contemporânea sutil: as *OSHO Talks*, ou palestras de Osho. Palavras se tornam música, o ouvinte descobre quem está ouvindo, e a percepção passa do que se ouve para o indivíduo que ouve. Como mágica, à medida que cresce o silêncio, aquilo que precisa ser escutado é compreendido diretamente, livre das distrações de uma mente que só pode interromper e interferir nesse delicado processo.

Esses milhares de falas abordam tudo, desde a busca individual por significado até as questões sociais e políticas mais urgentes que a sociedade enfrenta hoje em dia. Os livros de Osho não são escritos, mas transcritos de gravações em áudio e vídeo dessas palestras extemporâneas a públicos internacionais. Nas próprias palavras dele: "Por isso, lembre-se: o que estou dizendo não é apenas para você... Estou falando também para as gerações futuras."

Osho foi descrito pelo jornal inglês *The Sunday Times* como um dos "Mil Fazedores do Século XX", e pelo autor americano Tom Robbins como "o homem mais perigoso desde Jesus Cristo". O *Sunday Mid-Day*, da Índia, escolheu Osho como uma das dez pessoas — ao lado de Gandhi, Nehru e Buda — que mudaram o destino da Índia.

A respeito de suas obras, Osho dizia estar ajudando a criar condições para o nascimento de um novo tipo de ser humano. Esse novo ser humano era caracterizado como "Zorba, o Buda", capaz tanto de desfrutar os prazeres terrenos de um Zorba, o Grego, quanto a serenidade silenciosa de um Gautama, o Buda.

O fio condutor de todos os aspectos das falas e meditações de Osho é uma visão que engloba tanto a sabedoria atemporal de todas as eras passadas quanto o mais alto potencial da ciência e da tecnologia de hoje (e de amanhã).

Osho é conhecido por sua contribuição revolucionária para a ciência da transformação interior, com uma abordagem da meditação que reconhece o ritmo acelerado da vida contemporânea. Suas exclusivas Meditações Ativas de OSHO (ou "OSHO Active Meditations") visam, primeiro, liberar as tensões acumuladas do corpo e da mente para, em seguida, viver no dia a dia a experiência da quietude e do relaxamento livre de pensamentos.

Existem duas obras autobiográficas do autor:
Autobiography of a Spiritually Incorrect Mystic, St Martins Press, Nova York (livro e e-book)
Glimpses of a Golden Childhood, OSHO Media International, Pune, Índia

OSHO International Meditation Resort

Todos os anos a Meditation Resort dá as boas-vindas a milhares de pessoas de mais de cem países. Seu campus exclusivo oferece oportunidade para uma experiência pessoal direta de um novo modo de vida, com mais consciência, relaxamento, celebração e criatividade. Uma grande variedade de opções de programas está disponível o ano todo. Não fazer nada e apenas relaxar é uma dessas opções!

Todos os programas se baseiam na visão de Osho de "Zorba, o Buda", um ser humano qualitativamente novo capaz de participar criativamente do dia a dia *e, ao mesmo tempo,* relaxar em silêncio e meditação.

Localização
Localizada quase 165 quilômetros a sudeste de Mumbai, na próspera cidade moderna de Pune, Índia, o OSHO International Meditation Resort é um local para férias, mas com uma diferença: a Meditation Resort se estende por 28 acres de jardins espetaculares em uma linda área residencial arborizada.

Meditações de OSHO
Uma programação diária completa de meditações para todo tipo de pessoa, incluindo tanto os métodos tradicionais quanto os revolucionários, e em particular as Meditações Ativas de OSHO (ou OSHO Active Meditations™). O programa de meditação diário é realizado naquele que deve ser o maior salão de meditação do mundo, o OSHO Auditorium.

OSHO Multiversity
Sessões individuais, cursos e workshops abordam tudo, desde artes criativas até saúde holística, transformação pessoal, relacionamento e mudança de vida, transformação da meditação em um estilo de vida para vida e trabalho, ciências esotéricas e a abordagem "zen" para esportes e recreação. O segredo do sucesso da OSHO Multiversity reside no fato de que todos os seus programas são combinados com meditação, reforçando a noção de que, como seres humanos, somos muito mais que a soma de nossas partes.

OSHO Basho Spa
O luxuoso Basho Spa oferece natação ao ar livre para lazer, em local cercado de árvores e vegetação tropical. As Jacuzzi, saunas, salas de ginástica, quadras de tênis, todas em estilo especial e exclusivo... tornam-se ainda mais primorosas graças ao cenário magnífico ao redor.

Alimentação
Várias áreas de alimentação servem deliciosas comidas vegetarianas do Ocidente, da Ásia e da Índia, sendo a maior parte organicamente cultivada para a Meditation Resort. Pães e bolos são assados na própria padaria local.

Vida noturna
Há muitos eventos noturnos para se escolher. O primeiro da lista: dançar! Outras atividades incluem meditações na lua cheia, sob as estrelas, shows de variedades, apresentações musicais e meditações para a vida diária.

Conveniências
Você pode comprar todo tipo de artigos de necessidade e higiene pessoal na Galleria. A Multimedia Gallery vende uma gama enorme de produtos de mídia OSHO. Há, também, um banco, uma agência de viagens e um Cyber Café no campus. Para quem gosta de fazer compras, Pune oferece todas as opções, desde produtos indianos tradicionais e étnicos a todos os tipos de lojas de marcas internacionais.

Acomodação
Você pode se hospedar em quartos elegantes do OSHO Guesthouse, ou, para estadas mais longas no campus, pode optar por um dos programas OSHO Living-In. Além disso, há grande variedade de hotéis na região e serviços de flat.

www.osho.com/meditationresort
www.osho.com/guesthouse
www.osho.com/livingin

Para mais informações

www.osho.com

Este é um detalhado site multilíngue, incluindo uma revista, OSHO Books e OSHO Talks em formato de áudio e vídeo, o arquivo de texto da Biblioteca OSHO em inglês e hindi, com muitas informações sobre as Meditações de OSHO. Você também encontrará a programação da OSHO Multiversity e informações sobre o OSHO International Meditation Resort.

http://OSHO.com/AllAboutOSHO
http://OSHO.com/Resort
http://OSHO.com/Shop
http://www.youtube.com/OSHO
http://www.Twitter.com/OSHO
http://www.facebook.com/pages/OSHO.International

Para contatar a OSHO International Foundation:
www.osho.com/oshointernational,
oshointernational@oshointernational.com

Um místico contemporâneo cuja vida e cujos ensinamentos influenciam milhões de pessoas de todas as idades e tipos, Osho foi descrito pelo jornal britânico *Sunday Times* como um dos "Mil Fazedores do Século XX". Suas obras, best-sellers internacionais, estão disponíveis em 58 idiomas no mundo todo.

"Como Sócrates, ele foi considerado um corruptor da moral dos jovens. Como todos os verdadeiros filósofos, demoliu um sistema de crenças que só produzia infelicidade, não alegria."

Elle Magazine

Este livro foi composto na tipografia
Adobe Caslon Pro, em corpo 11/15,2, e impresso em
papel off-white no Sistema Digital Instant Duplex
da Divisão Gráfica da Distribuidora Record.